外国语言文学新锐丛书

丁建新　主编

韵律音系学视角下的歧义研究

A Study of Ambiguity
from the Perspective of Prosodic Phonology

刘悦怡　著

中山大学出版社
SUN YAT-SEN UNIVERSITY PRESS

·广州·

图书在版编目（CIP）数据

韵律音系学视角下的歧义研究/刘悦怡著 . —广州：中山大学出版社，
2023．7
（外国语言文学新锐丛书/丁建新主编）
ISBN 978 - 7 - 306 - 07804 - 9

Ⅰ . ①韵…　Ⅱ . ①刘…　Ⅲ . ①汉语—语义学—研究　Ⅳ . ①H13

中国国家版本馆 CIP 数据核字（2023）第 081441 号

出　版　人：王天琪
策划编辑：熊锡源
责任编辑：麦晓慧
封面设计：丹　飞
美术编辑：曾　婷
责任校对：陈晓阳
责任技编：靳晓虹
出版发行：中山大学出版社
电　　话：编辑部 020 - 84113349，84111997，84110779，84110776
　　　　　发行部 020 - 84111998，84111981，84111160
地　　址：广州市新港西路 135 号
邮　　编：510275　传　真：020 - 84036565
网　　址：http：//www. zsup. com. cn　E-mail：zdcbs@ mail. sysu. edu. cn
印　刷　者：广东虎彩云印刷有限公司
规　　格：787mm×1092mm　1/16　10.5 印张　180 千字
版次印次：2023 年 7 月第 1 版　2023 年 7 月第 1 次印刷
定　　价：45.00 元

前　　言

　　2020 年初，笔者在读完 Nespor 和 Vogel（2017）的 *Prosodic Phonology*《韵律音系学》一书之后，萌生了探讨歧义句尤其是汉语歧义句的句法 - 韵律关系问题的想法。清楚了歧义句的句法 - 韵律关系，就可以进一步去思考歧义消解的问题。我们知道，从韵律的角度可以消解一部分句子歧义，但仍然有部分歧义无法得到消解。歧义得到消解的条件或是标准到底有哪些呢？是否可以从句法结构和韵律结构的关系上着手研究？Nespor 和 Vogel 以意大利语为研究对象的歧义消解实验，让上述这些问题变得清晰起来，也给了笔者将汉语作为研究对象进行实验研究的启发。早期 Lehiste（1973）曾对英语歧义句做过一项研究，最终他认为句法结构对于句子歧义的消解起到了决定性的作用。而 Nespor 和 Vogel 的研究则认为消除句子歧义的可能性取决于韵律结构，并非句法结构。基于这两项研究的对比，笔者非常好奇，若将汉语作为研究对象，最终的实验结果又会是怎样？于是便有了相关的研究以及本书的写作。

　　事实上，关于语言歧义的研究兴起得很早。20 世纪 30 年代西方的结构主义学派就已经开始了歧义相关的研究。汉语学界关于歧义的研究也经历了特征鲜明的不同发展阶段，产出了丰富的研究成果，同时也留下了一些需要我们去完善的老问题，以及可以从不同的角度展开思考与探究的新目标。例如，在歧义的类型划分问题上，如何对歧义进行系统化、梯度化分类，这是歧义研究的基础性问题，是我们从不同视角探究一切歧义问题的首要前提。笔者在本书中重新对歧义进行了梳理，提出了歧义类型的基本框架，并对其中不同层次的类型进行了明确的界定，为后面歧义消解问题的展开打下了基础。

　　不同于传统的研究视角，本书关于歧义消解问题的探讨基于韵律音系学的理论框架。在研究中，笔者梳理了汉语的韵律层级系统，分析了汉语歧义句在句法结构和韵律结构 4 个维度上，即句法成分、句法标注、音系短语、语调短语上的表现，得到 6 种句法 - 韵律关系。通过对涵盖了 6 种句法 - 韵律关系的歧义句展开听辨实验，我们发现句法结构并不是影响歧义消解的决定性因素。对于歧义句来说，在不同含义所对应的句法结构存在差异的情况下，即便韵律结构一致，歧义仍然难以得到消解。而当歧义句的两种含义所对应的韵律结构存在差异时，歧义则更容易被消除。音系差异对歧义消除有着非常重要的影响。

最后，笔者想说，关于语言歧义的研究并非随着时间的发展失去了其研究的意义和空间，我们可以从新的视角、运用不同的方法、结合不同的理论来探寻歧义研究中的各种问题。限于篇幅和时间，关于语言歧义尤其是汉语歧义的类型、消解等方面的研究还存在许多的问题需要继续探讨，欢迎广大读者批评指正。

刘悦怡

2023 年 6 月 11 日

目　　录

第一章 绪 论

一、研究背景

在我们的生活中，随处可见歧义的身影。歧义是所有人类语言中普遍存在的一种现象。提及歧义研究，很多人会认为无非就是关于歧义的界定、类型、格式、消歧手段这几个方面的研究，并且这么多年来已经有了大量的研究成果，所以这似乎是一个"老生常谈"的话题。之所以有这样的感受，是因为受到了传统歧义研究内容和研究方法的影响。传统的汉语歧义研究发端于 20 世纪 50 年代末，由赵元任在《汉语中的歧义》（*Ambiguity in Chinese*，1959）一文中正式提出，此后学界逐渐开始正视歧义这一语言现象。20 世纪 80 年代，关于汉语歧义的研究开始多了起来，主要围绕歧义的概念、歧义的类型、歧义的格式和歧义的分化这几个方面展开。如歧义的概念方面，学者们就"歧义""多义""笼统""模糊""双关"等相关概念进行了阐释与区分。又如歧义的类型方面，有学者从语体的角度区分口语歧义和书面语歧义，有学者从语言内部区分词汇歧义、组合歧义等，也有学者根据"三个平面"的说法提出句法歧义、语义歧义和语用歧义。此外，还有学者从语言交际的角度提出有意歧义和无意歧义或积极歧义和消极歧义等。关于歧义格式的研究更是成果丰富。黄国营（1985）在《现代汉语的歧义短语》中就归纳出了 300 个歧义格式，还有很多针对动宾格式、"让"字句、"也"字句、"全"字句，以及"名词$_1$＋名词$_2$""名词性成分＋的＋动词性成分""动词＋一下"等具体组合格式的歧义研究。在歧义的分化方面，从早期的集中于从句法、语义、语境的层面分化歧义，到后期转向从语音、韵律方面寻求分化歧义的方法，以及开始跨领域、跨学科研究如何消解歧义，例如，在认知语言学、心理语言学、计算语言学等领域内研究处理歧义的方法。

这几十年来，汉语歧义研究的不断发展，表明了歧义现象在语言中的重要性。近些年，汉语歧义研究角度、研究内容、研究方法的不断丰富，跨领域、跨学科的成果不断涌现,愈发说明了一个问题,即汉语的歧义研究并非随着时间的推移失去了其研究的意义和空间,我们可以从新的视角、运用不同的方法、结合不同的理论来探寻汉语歧义研究中的问题。

面对传统的汉语歧义研究,除了学习前人的成果,我们也尝试去发现存在的问题。例如歧义的界定,主要集中在对"歧义"这个大概念的界定上,而忽视了对具体类型的明确界定,导致不同类型的歧义之间存在较多的重合现象,这种情况的存在说明歧义的界定还未从整体细化到个别,仍缺乏概念上的明晰性。歧义的类型也缺少系统的分类,即大多数研究只针对某一种类型,或从语言结构的层面相对粗略地去划分,使得歧义类型的研究缺乏梯度化和系统性。例如,句法歧义这一类型的划分属于一级分类,我们应去思考在一级分类之下的二级分类具体还包括哪些类型,二级分类中是否还可再进行三级分类。再比如,我们发现以往的研究大多集中于从词汇、句法、语义等角度来探讨歧义,尤其在探讨引发歧义的原因这个方面,涉及语音因素的研究成果和其他因素相比仍然显得十分单薄。同时,虽然在歧义消解手段方面的研究成果众多,但是在关于"什么样的歧义能够得到消解"这样的问题面前仍缺乏充分的思考。因此,在这样的大环境下,将歧义类型梯度化、系统化,思考并且证实汉语中的哪些歧义能够得到消解,为何能够得到消解,显得尤为重要。

20世纪80年代,当国内歧义研究进入一个全面化发展阶段的时候,西方韵律音系学的各种理论与主张掀开了帷幕。音系学家们发现,某些音系现象很难通过形态句法结构给予合理的解释,于是,他们提出了"韵律成分"的概念,不同的韵律成分根据一定的原则形成了一个有机的层级系统[①],这便是韵律结构。同时,人们开始思考音系是否与句法、语义产生交互关系[②],在这样的环境下韵律音系学逐渐完善发展。Selkirk(1984)阐释了表层句法结构如何通过一系列语法规则映射为表层语音表达式。Nespor和Vogel的《韵律音系学》(*Prosodic Phonology*,1986)面世,标志着韵律音系学理论的诞生。该书系统论述了韵律音系学的各项理论主张,对韵律结构的各种成分、韵律的层级系统,以及句法与韵律之间的关系都做出了详

---

① 根据韵律音系学理论,自然话语可以分为有限的韵律单位,这些韵律单位是分层级的,它们自下而上形成了一定的韵律层级结构。Hayes(1984)最早提出韵律单位层级的概念,他认为较高层级的韵律单位直接控制较低层级的单位。这就是"严格分层假说"(strict layer hypothesis),这也是韵律音系学的基本规则。

② 音系与句法的交互研究兴起于20世纪80年代,主要包括两个方面:一是句法对韵律的制约,二是韵律对句法的制约。代表人物主要有 Liberman 和 Prince(1977),Selkirk(1984),Shih(1986),Zec 和 Inkelas(1990),Golston(1995),Feng(2000)。

细的阐述，并提出了大胆假设，即人类所有语言共享同一个韵律层级系统。这极大激发了各国学者们积极探索不同类型语言的韵律结构的兴趣。20世纪90年代，一些海外华裔学者开始了关于汉语普通话以及汉语方言韵律结构、韵律和句法关系的研究（Chen，1987；Duanmu，1990；Zhang，1997；Shih，1986、1997），但就目前汉语音系学领域的研究成果来看，还未有能将汉语歧义与韵律和句法关联起来进行的深入考察与研究。而从韵律音系学的视角出发，基于语言的韵律系统来讨论汉语歧义的产生、消解，无疑有助于我们更深入地了解汉语的句法结构和韵律结构，以及二者的关系，并且能够帮助我们探索这样的问题，即句法结构和韵律结构哪个才是影响歧义能否被消解的关键因素。

二、研究目的与意义

就歧义本身而言，它是语言形式和意义之间矛盾的体现，而这种矛盾性恰恰展现出了语言的奥妙。网络上有很多利用语言的歧义现象来彰显趣味性的段子。例如，我们国家有两个体育项目大家根本不用看，也不用担心，一个是乒乓球，一个是男足。前者是"谁也赢不了"，后者是"谁也赢不了"。最佩服的也是这两支球队，一支是"谁也打不过"，另一支是"谁也打不过"。又如，在一段母子对话中，儿子问妈妈"An apple a day keeps the doctor away."是什么意思，妈妈回答道："这句话是说，整天玩苹果手机的人是拿不到博士学位的。"在现实生活中，也有因语言歧义问题而让人哭笑不得的例子。例如，某高校在新生入学指南的校园卡照片采集要求中明确备注了一段话，说去年有位同学把上传一卡通照片理解成上传一"卡通"照片，上传了奥特曼的图片，希望今年不要再有此事发生了。随后，该高校还很接地气地在微博上写道"一卡通不是一卡通"。看着奥特曼图片的截图，在开怀大笑的同时，很多网友在评论中感叹中国的语言文化真的是博大精深。所以在面对歧义这种语言现象时，除了捧腹大笑，笔者不禁产生了想去更深层了解、剖析这类语言现象的愿望。

在翻阅了大量关于汉语歧义研究的文献之后，对于汉语歧义的类型体系笔者仍然觉得某些地方不够清晰。例如在对不同类型歧义的界定问题上，概念的不明确会直接导致歧义类型之间界限模糊；又如部分类型的划分不够细致；在各层次歧义与语境之间的关系问题上也有颇多不同的观点。基于目前歧义类型划分、界定、关系等方面的种种问题，本书希望能够在前人的研究基础上对汉语歧义做出更加全面系统的类型划分与梳理。这是本书的研究目的之一。此外，除了歧义类型，歧义的消解也是一个一直以来关注度较高的研究话题。在查阅文献的过程中，笔者一直在思考汉语中能够被消解的到底是哪些类型的歧义，歧义消解与歧义类型之间是否存在某种关系，能够被消解的歧义是否具备某些条件或规律。这些问题是笔者未能从已有的文献与成果中找到答案的。因此，笔者希望能够通过某种方式找出隐藏在歧义消解背后的线索，而不只是针对某类歧义来谈消解手段，或是仍然从传统结构分析的角度来谈歧义。那么，如何找到歧义消解的规律呢？读完 Nespor 和 Vogel（2007）的《韵律音系学》这本书，笔者有了研究的思路与方向。韵律和句法的关系一直以来争议不断，近年来，汉语学界关于韵律和句法的研究成果也越来越多，但以此视角来探索歧义现象的研究寥寥。本书希望打破传统意义上单方面从句法结构的角度分析歧义的状况。不同于计算语言学、心理语言学的跨学科研究，本研究仍然在语言学的框架内，运用音系学的理论，从韵律和句法关系的层面出发，希望能够探寻出汉语歧义现象得以消解的条件和规律，这是本书的写作目的之二。综上，希望一方面对歧义进行明确而系统的分类与界定，另一方面从新的视角找到歧义消解的规律，探究歧义类型与消解之间的关系，从而为汉语歧义的研究增添新的亮点。

对于我们来说，做好歧义类型的划分、界定、梳理工作十分重要，它是系统研究现代汉语歧义问题的基础与前提，有助于明确各种类型歧义的概念，将不同类型的歧义区分开来，为针对性地研究某类歧义打好基础；此外，也为我们进一步思考歧义消解的问题做好铺垫，帮助我们更好地研究歧义消解的可能性与类型之间是否存在直接的关联，继而去挖掘某类型歧义能够得到消解的原因与规律。汉语歧义是语言歧义中非常重要的一部分，因此，汉语歧义的研究对整个歧义研究领域来说，都是不可或缺的一部分。希望本书的研究也能够为整个语言歧义研究，以及汉语的韵律研究领域添砖加瓦。

三、研究问题与方法

无论是从歧义研究的基础性条件出发，还是从前沿性的研究内容考虑，梳理清楚歧义类型，使其梯度化、系统化，并在此基础上打破传统研究视角，探讨什么类型的歧义能够被消解，消解需要什么样的条件和规律，这些对于歧义研究而言都是极其重要的问题，是具有研究价值和研究空间的问题。

　　传统的歧义研究往往基于一个相对粗略的分类，从词汇、句法、语义或是语用的角度来解析歧义句。对歧义消解的研究往往较多集中在语言结构层面，例如，通过词汇方面的增减或变换词语、句法方面的句式变换、语境方面的补充语境知识等方式，达到消解歧义的目的。随着歧义研究的发展，后来又出现了从超音段的语音特征方面入手，通过声学实验来讨论歧义消解的方法，以及结合更多不同领域的成果来研究歧义消解的策略，如运用眼动实验、磁共振成像实验等，或研究大脑的认知机制。这些都是歧义研究的新思路、新方法。在这样的研究大环境下，笔者并不认为歧义问题的研究价值和研究空间越来越小，在歧义消解手段和策略的背后，"深层次的消解原因是什么"这个问题显得格外重要。举个例子，当下大家逐渐开始关注韵律歧义消解的问题，如停顿、重音等韵律特征可以消解歧义，但这往往是理论层面的消解。也有学者通过声学实验来证明，韵律特征如停顿确实可以帮助我们区分由多个定语构成的句子的不同意思。表面上，我们确实获得了"句子层次切分不同的歧义可以通过韵律特征来消解"这样的结论，但这只是句法和韵律浅层关系的部分体现。从深层次来看，汉语中的句法结构和韵律结构是什么关系，句子歧义能够被消解到底是得益于句法结构的差别还是句子韵律结构，这些问题并没有得到很好的解释。

　　基于上述情况，本书的具体研究问题陈述如下：

　　（1）现代汉语歧义类型是否能够有更加细致的划分？能否梯度化为一级分类、二级分类、三级分类等？

　　（2）对于汉语的歧义句而言，不同含义所对应的句法结构和韵律结构有怎样的表现？它们之间具有怎样的逻辑关系？

　　（3）什么类型的歧义能够被消解？从韵律和句法关系的角度来看，歧义得到消解需要具备哪些条件？

　　（4）汉语歧义的消解，是句子的句法结构还是韵律结构在起关键性的作用？

　　为了清楚地回答上述问题，本书主要采用了以下三种研究方法。

　　第一，定性分析法。在对汉语歧义现象进行类型划分与梳理的过程中，采用了定性分析的方法，自建了一个小型的汉语歧义句语料库，通过分析并归纳语料库中歧义句的类型，对汉语歧义类型最终做出了梯度化的分类与整理。其中，一级分类包括语音歧义、词汇歧义、句法歧义、语义歧义和语用歧义 5 个大的方面。这 5 个大类又包括下属的二级分类，如语音歧义具体指同音异形词歧义；词汇歧义又分为同形同音不同义和同形不同音不同义两种类型；句法歧义按层次切分和句法关系的不同又划分出 3 种类型；

语义歧义从语义的指向、关系和特征方面分出 3 个二级小类；语用歧义则包括两种类型：一是源于语音、词汇、句法和语义层面的歧义，二是由交际语境产生的歧义。二级分类仍然属于相对粗略的划分层级，其下的三级分类则更加具体，如句法歧义的二级分类下又包括 8 种歧义类型，语义歧义的二级分类下一共包括 14 种歧义小类。上述这样的分类使得汉语歧义有了系统性、梯度化的分类标准，为后面讨论对不同类型的歧义从理论上消歧所要用到的韵律手段，以及分析歧义能够被消解所需要的条件提供了基础。

第二，对比分析法。在研究汉语歧义句不同意义所对应的句法结构和韵律结构之间形成了怎样的逻辑关系这个问题上，用到了对比分析法。本研究以韵律音系学中的韵律层级理论为指导，对汉语的句法结构和韵律结构做出了阐述，并将汉语歧义句法结构和韵律结构的逻辑关系，与 Nespor 和 Vogel（2007）所整理的意大利语歧义句中的句法结构和韵律结构的关系进行了比较，发现两种语言在句法结构和韵律结构层面关系的不同。

第三，实验法。在厘清汉语歧义句句法结构和韵律结构的逻辑关系的基础上，本研究针对歧义消解需要具备哪些条件这个问题进行了实验。实验排除了不具备合理性的非典型例句，最终选取了 35 例汉语歧义句，囊括了汉语歧义句句法结构和韵律结构之间的 6 种逻辑关系，由录音人分别基于 35 例歧义句的两种不同意义，录制了两个版本的录音。受试共 28 人，被分为两组，每组听一个版本的录音，然后要求受试人在每个例句的两种意义选项中选出认为正确的答案。若不确定，则可以选择第三个答案"无法确定"。实验结束后对实验结果进行分析，试图找出歧义得以消解的条件和规律，即具备哪种句法和韵律逻辑关系的歧义句更容易被消解，具备哪种逻辑关系的句子不易被消解；并且找出歧义能够被消解的根本原因——到底是句法结构在起主导作用，还是韵律结构在起主导作用？

四、创新之处

本研究的创新之处主要体现在以下三个方面。

（1）本书对现代汉语歧义类型做出了梯度化的分类与梳理，并且从韵律音系学的视角出发研究汉语歧义，打破了以往汉语歧义研究的传统模式。

（2）本研究以韵律层级理论为基础，描述了汉语的韵律层级系统，在此基础上分析并得出汉语歧义句句法结构和韵律结构之间的 6 种逻辑关系。

（3）从韵律和句法的关系出发展开听辨实验，考察了不同韵律和句法逻辑关系下歧义句消歧的程度，解决了韵律结构与句法结构哪个是歧义消解的关键因素这一问题，得出汉语歧义消解的根本原因。

五、研究框架

本书共分为七章。

第一章为绪论。该章通过简单梳理汉语歧义研究一直以来的发展以及存在的主要问题，阐释了本研究的背景，以及选题的目的与意义，并且对研究问题、研究方法、研究设计的创新之处和本书的框架做了概括性的介绍。

第二章为文献综述部分。综述部分首先对歧义的起源做了梳理与阐释，接下来是对汉语歧义的相关研究进行陈述与概括。根据汉语歧义在发展过程中所呈现的特点，以三个发展阶段来分别陈述。其中涉及汉语歧义的界定、类型、格式、消歧等方面的相关研究，以及跨领域、跨学科等最新发展特点与趋势。

第三章为研究的理论基础部分。本书在韵律音系学理论框架下展开对汉语歧义消解因素的探究。基于此，该章首先阐述了韵律音系学产生之初的相关背景，继而对韵律音系学当中的重要理论——韵律层级理论展开描述，进而分析汉语的韵律层级系统，对韵素、音节、音步、韵律词、韵律黏附组、韵律短语、语调短语和话语这些韵律单位分别进行陈述和举例说明。此外，还分别从西方学界和汉语学界的角度展开对韵律和句法交互研究成果的梳理与介绍。

第四章为现代汉语的歧义分类。研究认为，歧义类型系统性的划分是歧义研究的大前提，也是汉语消歧规律、根源探究的重要支撑。该章对汉语歧义做了细致的类型处理。在明确歧义类型划分维度和标准的基础上，将汉语歧义的类型梯度做了三级分类，并尝试对各种类型做出明确的界定。

第五章为韵律线索在歧义消解中的应用。该章包括三个部分：第一部分对能够消解歧义的韵律特征进行阐述。接下来以汉语歧义分类为基础，从理论上推测可用于消歧的韵律手段，并从推测结果思考是否句法结构差异显著的句子歧义最容易得到消解等问题。第二部分对句法说和韵律说的内容进行介绍。正因为句法说和韵律说二者的争议性，才有必要通过消歧实验来证明两种不同观点的正确与否。该章的第三部分介绍了音系学家Nespor 和 Vogel 所做的消歧实验，其中提出了歧义句的句法结构与韵律结构之间的关系问题。

第六章为汉语韵律消歧的实验研究。该章首先对汉语中的句法结构和韵律结构展开陈述，从句法成分、句法标注和音系短语、语调短语这 4 个维度对汉语歧义句的句法结构与韵律结构之间的逻辑关系做了探索，进而围绕汉语句法和韵律的逻辑关系整理出各逻辑关系所对应的歧义类型。为解决何种逻辑关系的歧义最容易被消解这个问题，展开汉语消歧的听辨实验，进一步探讨在汉语中歧义消解的条件以及根本原因。

第七章为总结。该章归纳了实验研究得到的有意义的发现，以及这些发现对汉语歧义研究、汉语句法和韵律关系的研究等方面的启示。最后指出了本研究的局限性以及对未来研究的思考。

第二章 文献综述

一、歧义概念的起源

"歧义"的英语单词 ambiguity 来自法语 ambiguité，起源于拉丁词 ambiguus。它是词干 ambi-（"两边"）和 agere（"旅行"或"开车"）的复合形式，它们合在一起的意思是"四处游荡"或是"在两边开车"（Mish，1984）。然而，在这个词被纳入英语之后，就失去了它原来的"旅程"或"路途"之义。

西方很多学者都尝试对歧义进行定义。Merriam-Webster（1984）认为歧义是"可疑或不确定的，尤其是产生于晦涩或模糊……能够以两种或多种可能的意义或方式被理解"[①]。根据《牛津英语词典》（1989）中的定义，歧义是"同时接受似是而非的解释的状态，因此允许'双向驱动'的双重含义存在"[②]。Kempson（1977）提出，如果在不同的情况下句子都是正确的，那么这个句子就是歧义句。Scheffler（1979）认为，如果一个单词在某一种使用场合的含义与它在另一种使用场合的含义有所不同，则该单词是具有歧义的。Gillon（1990）根据转换生成语法的观点，即对模棱两可的句子的理解是通过短语标记来完成的，他将歧义定义为可以容纳多个结构分析的表达式。McArthur（1992）认为歧义就是意义上的实际或潜在的不确定性。Pehar（2005）提出"真正的歧义是指一个表达不仅产生至少两种不同的含义，而且这两种含义必须是不相容不相关的"。

事实上，早在 20 世纪 30 年代，美国结构主义学派[③]就注意到了英语中

---

① 源自 *Webster's Ninth New Collegiate Dictionary*（1984 Edition）。原文为"doubtful or uncertain especially from obscurity or indistinctness... capable of being understood in two or more possible senses or ways"。

② *Oxford English Dictionary*. 2nd Edition. Oxford: Oxford University Press, 1989.

③ 美国结构主义学派（American Structuralists），又称美国描写语言学派（American Descriptivists），是 20 世纪 20 年代美国学者在调查美洲印第安语的基础上逐步形成的语言流派，以注重对语言的结构形式的描写而著称。美国结构主义和欧洲结构主义都强调语言结构的系统性，但又各有特色。如布拉格学派注重对语言结构的功能进行研究，哥本哈根学派注重结构之间的关系，而美国结构主义则注重对结构形式的描写。

的歧义现象，并提出了用直接成分分析法来解决这一问题。而后 Chomsky（1965）通过短语规则生成不同的深层结构来解释具有歧义的表层结构形式。① Grice（1975）在论述会话含义时讨论了歧义句，他从合作原则②出发得出了结论，认为能产生含义的歧义句必须是有意的，而且说话人指望受话人也能领会到这一点。Fillmore（1977）以句子各参与成分的语义功能为基础，提出"格"的概念③，并指出"格的不同"可以触发歧义。语义学家 Katz（1977）认为，歧义性体现了自然语言中许多语义表现和与其相对应的表达式之间的关系。Leech（1981）从句法和语义的关系方面对歧义现象进行了阐释，他认为歧义是句法和意义之间存在着一语多关的表现。这样的语义学研究使歧义分析摆脱了语法和语义的束缚，扩大了歧义研究的视野。Halliday（1985）的功能语法④解释了形式语法不能解释的一些歧义现象，他主张以语言的使用来解释语言结构，功能语法的研究视角为歧义分析开辟了一条新的道路。Hirst（1992）认为，如果一个单词在类别上是具有歧义的，则包含该单词的句子在结构上可能也是有歧义的。Pinkal（1995）提出歧义与模糊的概念，他认为这两种现象具有相关性，但指向的是不同的事物。"歧义的表达是任意但数量有限的，模糊的表达则可以无限次地进行精确化。"Cruse（2000）指出歧义词具有多种含义，词义之间表现出了"对立性"，人们无法同时锁定两个或两个以上的含义。

随着西方语言学界关于歧义研究的成果越来越多，人们开始认识到歧

---

① 表层结构，来源于乔姆斯基（N. Chomsky）的理论。20 世纪后半叶，乔姆斯基提出了"转换生成语法"（transformational-generative grammar）学说。他认为，人们平时看到的或听到的，根据一定的文法组织起来的一串词，也就是实际上写的或说出来的句子，就是句子的表层结构；而句子的深层结构则是指句子的基本的、比较抽象的意义。例如"我在纸上写字"和"我把字写在纸上"这两个句子，深层结构是一样的，但表层结构却不同。

② 合作原则（cooperative principle, CP），是由美国著名语言哲学家格莱斯（H. P. Grice）于 1975 年在他的著作 Logic and Conversation 中提出的。格莱斯认为，在人们交际过程中，对话双方似乎有意无意地遵循着某一原则，以求有效地配合从而完成交际任务。格莱斯认为人们在谈话中遵守的合作原则包括四个范畴，即量的准则、质的准则、关系准则以及方式准则。然而，人们在实际的言语交际中，并非总是遵循合作原则，出于需要人们会故意违反合作原则。格莱斯把这种通过表面上故意违反合作原则而产生的言外之意称为"特殊会话含义"。

③ 格可以被看作一种语法标记，就像名词的数、动词的时和体有标记一样。有了格，就可以很清楚地表示每个词的性质以及词与词之间的关系。这样，即使位置发生变化也不会影响人们对语义的理解。

④ 功能语法（functional grammar），是一种兴起于 20 世纪 70 年代的语法理论。该理论持语用学观点，认为语言是社会互动的结果。以韩礼德（M. A. K. Halliday）为代表的功能语言学家认为，语言分为表达方面和内容方面，这两个方面又各自存在实体与形式。前者的实体与形式分别是语音和音位，后者的实体与形式分别是语义和语法。语言的语义层面、词汇语法层面、音系文字层面的意义各不相同。

义现象是人类语言中非常重要的组成部分，它生动地反映了语言结构内部与外部各要素之间的复杂关系，清晰地展示出各个语言要素之间既独立又相互制约的机制。语言学研究不能没有歧义，歧义的研究推动着语言学的发展。同时，我们看到歧义的研究与分析不应局限于某一个领域或某一种学派的理论，它应是多角度、多领域的。在西方学界歧义研究发展与推进的同时，汉语学界也逐渐展开了对歧义现象的关注与讨论。

二、汉语歧义的相关研究

现代汉语中的歧义研究始于赵元任发表的《汉语中的歧义》①一文。纵观近60年来汉语歧义研究的发展，其历程大致可分为三个阶段。从研究的起步至发展过程中研究方向的变化，不同的阶段呈现出不同的研究特点。

（一）第一阶段：20世纪80年代以前

在这个阶段，学者们提出了"歧义"这个概念，并尝试对其进行表述，从而界定什么是"歧义"。赵元任（1959）提出歧义是指一个符号可以有多种理解的这种性质，跟模糊和笼统不同。② 文炼（1960）指出歧义问题是"表面上好像一个形式，骨子里是两个不同的形式"。徐仲华（1979）将歧义现象表述为一种语言形式有时可以含有两种或两种以上的意义，可以做两种或两种以上的分析。然而这个阶段正面探讨歧义问题的文章并不多，更多的学者通过歧义用例来对歧义现象进行分析说明。例如，赵元任（1959）提出了经典的歧义例子"鸡不吃了"。在该例中，"鸡"可以是施事，即鸡不吃食物了；也可以是受事，即人不吃鸡了。同时，他从不同的角度对汉语歧义进行了分类。文炼（1960）在《论语法学中"形式和意义相结合"的原则》一文中讨论了"形式与意义怎样结合"的问题，举了如"对本报批评的反应不多"这样的例子，指出语法研究应该把这种现象提出来，而不是避而不谈。吕叔湘（1965）提出了"他的老师当得好"这个例

---

① 该文原名为 *Ambiguity in Chinese*，以英文撰写，最早于 1959 年发表在 *Studia Serica Bernhard Karlgren Dedicata* 上，后收录于 *Aspects of Chinese Sociolinguistics*。

② 赵元任参照了 Max Black 于 1949 年出版的 *Language and Philosophy：Studies in Method* 一书中对歧义、模糊和笼统的区分和比较。赵元任认为"歧义指一个符号可以有多种理解这种性质，它跟模糊和笼统不同"。他指出，模糊是指一个符号的边界不明确的情况跟明确的情况比起来显得十分突出；而对于笼统，赵元任认为"符号的笼统指它适用于若干个事物，人们承认这些事物有差别，也不见得忽视这些差别，只是这些差别在使用这些符号的语境中被认为是无足轻重的"。即相对于歧义来说，笼统并不是急需解决的交际问题，而语言中的大部分歧义则是影响交际的。

子。朱德熙（1979）的《汉语句法里的歧义现象》一文奠定了语法歧义研究的基础。① 文中重点对分化多义句式的依据做了讨论。其中，他提出根据组成成分的词类来分析"在火车上写标语"这样的例子；用层次分析法来分化层次构造不同的句子，如"发现了/敌人的哨兵"和"发现了敌人的/哨兵"；以及用显性语法关系和隐性语法关系来分化歧义。徐仲华（1979）在《汉语书面语言歧义现象举例》中列出了 9 种不同的歧义格式。吴葆棠（1979）讨论了词组的歧义现象。他指出，一群词组，声音形式或书写形式完全相同，而其实际含义不同，便统称作词组歧义现象。

从 20 世纪 50 年代到 70 年代，歧义问题开始逐渐受到汉语学界语言学家们的关注。语言学家往往从句法分析入手，逐步探讨语言的歧义现象。正如朱德熙先生所说："一种语言语法系统里的错综复杂和精细微妙之处，往往在歧义现象里得到反映。因此分析歧义现象会给我们许多有益的启示，使我们对于语法现象的观察和分析更加深入。"② 这个阶段可以说是汉语歧义研究的发轫阶段，关于歧义研究的成果并不多。从 80 年代开始，汉语歧义研究进入了一个蓬勃发展的时期，关于歧义的研究开始变得更加全面、深入。

（二）第二阶段：20 世纪 80 年代至 90 年代

20 世纪 80 年代至 90 年代，汉语歧义研究呈现出蓬勃发展的趋势，相较于上个阶段，涌现出了大量关于汉语歧义研究的文章。这一阶段的研究特点主要表现为歧义研究理论与方法得到了丰富与更新，研究内容主要围绕歧义的界定、歧义的类型、歧义的结构与格式，以及分化歧义的方法等方面展开，尤其在歧义分类与格式的总结方面有了丰富的成果，在歧义分化问题上也做出了重要的探索。

1. 关于歧义的界定

从 20 世纪 80 年代开始，更多的学者开始讨论"歧义是什么"的问题，并且尝试将歧义与其他相关概念进行区分。朱德熙（1980）提出，语法歧义是指句子的多义现象。吴道勤（1982）论述了歧义与双关这种修辞手法的联系与区别。他认为，歧义现象一般来说是影响言语交际的，因此是消

---

① 《汉语句法里的歧义现象》一文出自朱德熙的语法论著《现代汉语语法研究》。在该文中，朱德熙并不满足于对个别多义句的一般分析，而是着重探索语言歧义现象中带有规律性的东西。他将语言中的多义句分为两种：一种是词汇上的多义句，另一种是语法上的多义句。朱德熙将研究重点放在语法上的多义句，特别是多义句式方面来探究歧义的问题。他认为多义句式的多义性是由抽象的句式本身所决定的，而并非由组成这些句子的具体词的词义引起的。

② 朱德熙：《现代汉语语法研究》，商务印书馆 1997 年版，第 169 页。

极的，而双关是一种有效利用歧义现象的积极修辞手段。黄成稳（1982）提出所谓歧义，是指某个词语或某个句子的意义不确定，可以做这样的理解，也可以做那样的理解。文炼、允贻（1985）认为，歧义是指同样的字面隐含着不同的结构和意义。邵敬敏（1987）指出，歧义是某种语言形式在特定的语言环境中，人们对它实际上可以有不止一种的解释。石安石（1988）系统地对歧义研究的意义、类型、格式等方面做了阐释，认为歧义现象是指有些听起来相同或看起来相同的话语，在字面上可以有不止一种解释。沈家煊（1991）提到"语义的不确定性"不等于歧义，是介于笼统和歧义之间的一种语义现象。他认为，歧义的句子是可以分化为单义句的，而由"语义的不确定性"造成的多义句则无法分化。张克礼（1993）认为，歧义就是有多种理解，或说有多种意义。王希杰（1993）区分了多义、歧义、双关、误解和曲解，他认为多义是语言层面的，歧义、双关，以及误解、曲解都是言语层面的。他提到，歧义是同一话语有两种以上的意义，它和双关的区别在于，歧义是编码者无意为之的结果。柳广民（1994）提到歧义现象是指同一语言形式可以表示多种意义的现象，也可以说是多种意义采取同一语言形式的现象。邢凯（1997）指出，"歧"不仅有"多"的意思，而且含有相互矛盾的意思。王本华（1999）将歧义表述为，在某一特定的语言环境中，一种语言形式同时表示两种或两种以上的意义，可以做两种或两种以上分析和理解的语言现象。

从大多数学者对歧义的界定来看，在强调"不确定性"或"多种可能性"方面是具有一致性的，有的认为是"意义或含义上的多种可能性"，也有学者提到"结构上的不一致性"。本书不太认同歧义只产生于言语层面这一说法，是否能够被界定为歧义的最主要因素是是否在意义上产生了不确定性。本书认为，歧义通常在两种情况下产生：一是在脱离语境的情况下，单纯地从语言本体角度来看具有的意义上的多种可能性；另一种情况是在交际语境中，由于主客观原因，句子产生了意义上的多种可能性。因此，本书将歧义界定为，在脱离语境的语言本体层面，短语或句子产生了理解上的多种可能性，或是在交际语境中，句子具有两种或两种以上理解，这样的现象便是歧义。

2. 关于歧义的类型

歧义类型的研究是这一阶段的核心研究之一，学者们从不同的角度、不同的层面尝试对歧义进行分类。黄国营（1985）列出了各种可能产生歧义的格式。他认为，歧义的产生来自底层语义结构向表层句法结构映射的过程。因此，根据表层结构和底层结构成分组合的两种性质，将歧义分为四类，分别是句法组合层次歧义、句法组合关系歧义、语义组合层次歧义、语义组合关系歧义。李峰（1987）认为，"就句子的深层语义结构同表层句法结构的关系来看，我们认为，有三个不同层次的歧义，语法的歧义，语义的歧义，语用的歧义。它们分别属于语言的三个不同平面——语法平面、语义平面、语用平面，探讨和区分这三个不同平面的'歧义'，可以帮助我们较正确地分析确定歧义语言片段的结构层次、歧义的语义内容、歧义的语用价值"。石安石（1988）根据歧义产生的语言系统内部根源将歧义分为词汇歧义和组合歧义。熊文华（1989）区分了客观歧义和主观歧义。客观歧义是由于听话人或读者的错误联想或知识缺陷，把意思理解错了；主观歧义是指说话人或写文章的人自觉或不自觉使用有歧义的词语或结构，以达到委婉、幽默等特殊效果。郑文贞（1993）将语言层面的静态的歧义称为语言歧义，将言语层面中动态的歧义称为言语歧义。柳广民（1994）区分了语汇歧义、语法歧义和语用歧义。他认为语汇歧义是使用了同音词语、同形词语或多义词语造成的歧义；语法歧义根据显性语法关系和隐性语法关系区分为两类，由表层语法结构不同造成的歧义称为显性语法歧义或表层语法歧义，由深层语义结构不同造成的歧义称为隐性语法歧义或深层语法歧义；语用歧义分为超语段语用歧义和语境语用歧义。王本华（1999）提出积极歧义和消极歧义。他认为积极歧义就是修辞歧义，是说写者在特定的语言环境中，故意利用语音、词汇、语法（结构）的多义性或各种不同的语境条件而制造的歧义，它往往能产生诙谐、幽默、喜剧性和讽刺性等特殊的修辞效果。

该阶段对歧义类型的划分出现了多种分类方式，为我们提供了歧义划分的多样化视角。学者们对类型的关注焦点多集中在句法、语义和语用层面，因而这几方面的研究成果较为丰富。但其中也存在一些问题，例如分类标准不明确，对各种类型的界定也较为模糊，进而导致歧义类例在归属上出现问题。此外，就歧义类型研究来说，缺乏一个从整体到部分、从大类到小类的梯度化的类型系统，而做好做细歧义分类工作往往是研究歧义的前提，是深化歧义研究的关键。

3. 关于歧义的结构与格式

在这一阶段，学者们开始关注歧义句的具体结构与格式。朱德熙（1981）区分了"他在黑板上写字"和"他在飞机上看书"两类不同的句式。对于前者，"黑板上"是字所在的位置；对于后者，"飞机上"并不是指书所在的位置，而是看书这个行为发生的场所。因此，"在火车上写标语"这样的句子就是有歧义的，既可以指标语的位置是写在火车上的，也可以指写标语这个行为发生在火车上。沈开木（1983）讨论了"也"在句子中的语义指向问题。他指出，在语法平面上，"也"只与它后面的结构成分发生关系，组成结构体；可是在语义平面上，却可以与位于"也"前后的"比较项"和"相同项"都发生关系。因而他提出了语用平面歧义的分析方法。马庆株（1985）讨论了与述宾结构有关的两大类歧义：一为外部歧义，即在词形和词序完全相同的情况下，述宾结构和非述宾结构二者表示不同的意义，以及两个层次不同的述宾结构所形成的歧义；二为内部歧义，即在词形、词序和层次都相同的情况下，述宾结构表示不同的意义。文章通过介绍述宾结构的多种情形，对歧义现象做了举例与说明。黄国营（1985）归纳了 300 个歧义格式。吕叔湘（1986）对动补结构的多义性进行了分析。王凌（1990）通过对一些具体的歧义结构的分析，揭示了歧义结构形成的原因。例如"定 + 的 + M_1 + 的 + M_2"这样的结构，如"可怜的孩子的爸爸"，这个结构两种不同的构造形式包含了不同的意义。最终王凌认为，我们之所以对歧义结构的辨析有困难，原因在于割裂了语法形式和语法意义之间的关系。肖伟良（1993）描述了多义重复句中多义组合的类型、格式，提出省略了关联词语、结构关系交叉、语序的变动以及理解的重心不同这几种做法，造成了多重复句的多义现象。李大忠（1994）以"不是"连接主词和宾词的判断句为切入点，对其带后续分句时产生歧义的复句类型做了举例和分析。如"这里不是山东，到处都有熟人"，以及"这里不是联合国，不想开会可以离开"。对于这样的歧义复句，若去掉"不"字，则歧义消失，据此文章分析了"不"使整个语段产生歧义的原因。肖国萍（1996）全面列举了"名$_1$ + 名$_2$"格式歧义组合的类型，指出并不是所有的名词都有构成歧义组合的能力，是否产生歧义与名词的小类及其语义特征有关。张亚军（1996）对"名词性成分 + 的 + 动词性成分"即"NP 的 V"结构进行了分析，提出不同的 V 往往要求与之有不同语义关系的配价成分充当 NP。V 所带的配价成分的特殊性往往会造成 NP 身份难以确定的现象，即形成了歧义形式。例如"小王的发现"既可以指"小王发现了一个奇怪的现象"，也可以指"他们在河边发现了小王"。因此，判断指称形态"NP 的 V"的所指要依靠上下文。周玉琨（1998）从句法、语义、语用三个平面出发，梳理了"让"字句的四种情况，并且提出"让"字句在特定情况下既可以表示被动，也可以表示使动，即构成歧义"让"字句，并对此类格式提出了分化歧义的方法。郑剑平（1999）讨论了"通知的人"一类歧义结构形成的原因，将"动词 + 的 + 名词"这样的偏正结构分为两类：一类是单义的，另一类有施事或者受事的歧义。

上述对歧义格式的研究多从句法分析的角度出发，让我们看到众多歧义格式的具体表现，了解到歧义格式中各种成分的组合能力，以及特定歧义格式的实际应用情况。

4. 关于歧义的消解

在众多的歧义研究成果中，相当一部分文章都提到了歧义分化、消解的方法，如朱德熙在《汉语句法里的歧义现象》（1980）一文中提出了 4 种分化多义句式的依据。吕叔湘的《歧义类例》（1984）例举了 76 个歧义实例，提出了 5 种消歧手段。王维成的《从歧义看句法、语义、语用之间的关系》（1988）一文提到歧义是受到语用因素制约的，从句法到语义，再到语用，其消除歧义的能力逐渐增强。上面列出的关于歧义格式研究的文章中，也有部分提到了针对某类格式消解歧义的方法。此外，也有专门探讨歧义消解的文章。吴新华（1984）分析了如何从语义、词汇、语境、语法功能等方面排除汉语歧义，指出汉语在排除结构歧义方面具有很强的能力。李汉威（1990）提出可通过增减或变换词语、重新安排语序、变换句式、正确运用标点、提供充分的语境 5 种方法来消除歧义。邵敬敏（1991）提出通过预设与焦点的变化来分化语用平面上的歧义。冯志伟（1996）认为通过再分类、句法制约、语义制约等条件，能有效地消解歧义。李晓宏（1999）针对词汇歧义、语法歧义和语用歧义三大类歧义分别提出了适用的解歧方法。亢世勇（1999）提出语调、重音、停顿这些超语段的语音特征制约着句法结构的层次及语义关系，它们是分化歧义的重要因素。

该阶段的歧义消解成果多为针对某类具体句式展开的研究，并且大多从词汇、句法、语用角度探讨消解的方法，极少提及语音因素的消歧作用。

（三）第三阶段：21 世纪以来

21 世纪以来，歧义研究的内容、涉及的领域相较于之前的研究变得更加广泛，研究的广度和深度都有所增加，具体呈现出以下四个方面的特点。

1. 歧义格式方面的研究更加全面

2000 年以来，学界涌现出大量关于歧义格式、歧义结构方面研究的文章。相较于 20 世纪 80 年代至 90 年代来说，这个时期涉及的歧义格式更加丰富，分析手段更加多样。学者们不是单就句法结构来分析歧义格式，而是涉及更多的层面，有词汇的、句法的、语义的、语用的，等等，并且将表层与深层相结合，从更深入的视角去探讨歧义格式形成的原因。

杨亦鸣（2000）对"王老师也教数学"这类的"也"字歧义句做了分

析，指出这类歧义句与其他歧义句的区别，并认为"也"字句的歧义就其本质而言是语用平面上的歧义，因此可以通过语用手段来消除歧义。刘春卉（2001）对几种歧义格式做了分析，如施事主语与普通定语混同的情况、黏着性定中结构与一般定中结构混同的情况、"的"的隐现不当的情况、语气词"的"与结构助词"的"同形同现，等等。张宝胜（2002）运用配价语法理论，分析了短语"对 + N + 的 + X"的歧义问题。徐以中（2003）分析了"NP + 只 + X1 + X2 + X3"这样的语用歧义，并指出在这样的格式中，"只"可以指向句中除前面主语以外的大多数成分，而当"只"每指向一个成分时，相应地就会有一个语用前提，因此，句子便会有新的理解，产生歧义。沈家煊（2004）从句法语义层面对"张三追累了李四了"这样的结构产生歧义的原因做了充分的分析与解释。刘云峰（2004）讨论了格式歧义的概念，提出格式歧义是具有某种特征的表层线性符号串，虽然格式本身没有歧义，但其与歧义关系密切，歧义的产生是由于各种深层的潜在语义关系只能用一种表层的线性形式来表达，因而某种格式便产生了由语义指向、结构关系、结构层次等引起的歧义。陈一民（2004）将歧义格式分为短语歧义格式和句子歧义格式，提出歧义格式中常项和变项的概念，并依此对歧义格式进行了分类。甘智林（2005）在前人研究的基础上，探讨了"V 一下"格式的歧义范围，并分析了"V 一下"格式歧义的特点以及该格式产生歧义的原因。税昌锡（2005）将"N1 + 在 + NPL + V + N2"格式分化为 10 种歧义类例，并探讨了其内部各成分之间的语义关系。蔡国妹（2005）分析了"除了 + N1，N2 + 也 + V + N3"这种语义结构的歧义格式，如"除了老张，老李最欣赏他"。在这样的格式中，N1 既可以是 V 的施事，又可以是 V 的受事。同时，文章指出并不是所有能进入这个格式的句子都是歧义句，如"除了小偷，他也抓流氓"。她进一步分析了这种歧义产生的更深层的原因，即以句中 V 作为参照点，N1、N2、N3 在语义类型上的同与异。满在江（2005）认为，"也"字歧义句的歧义首先表现在结构上，通过跨语言的对比，他分别对话语中心前指和后指的情况做了分析。朱峰（2005）考察了"全"字句的歧义，如"馒头他们全吃了"，认为"全"既可以指向"馒头"，也可以指向"他们"。其在文章中通过分析"全"的语义指向，讨论了该格式产生歧义的原因。钱玉莲、梁世红（2012）对含单项标量成分的短语和双项标量名词短语连用结构形成的歧义现象，以及引发歧义的原因做了探讨。景晓君（2013）探讨了新闻标题中经常出现的序列产生歧义的原因，并提出使用新闻标题要尽可能追求文字的准确性，避免歧义的产生。胡清国、蔡素萍（2014）探寻了"A 了一点"构式语法化的动因，并指出该构式一表"变化"，二表"偏离"，从歧义的角度讨论了句法上的差异性。张怡春（2014）提出"前置受事＋VA了"格式是个歧义句式，既可以表示"预期结果的实现"，也可以表示"预期结果的偏离"。如"头发剪短了"，可以表示实现，即"头发剪短了，很精神"，也可以表示偏离，即"头发剪短了，再留长一点更好看"。文章用"构式－语块"句法分析法对该格式的歧义现象进行了探究。李强（2015）提到"NP1＋的＋NP2"结构的歧义性源于"NP1＋的＋NP2"结构隐含谓词的多样性，而谓词的多样性又是因为NP（包括NP1和NP2）有多种物性角色。明栋（2016）认为"在＋N1＋的＋N2"格式可以分为两种具体歧义形式，即"在＋N1［方位名词］＋的＋N2［处所名词］"和"在＋N1［处所名词］＋的＋N2［处所名词］"。同时，他提出在不同的语境中，"在"的语义指向不同是形成多指歧义关系的根源。杨子（2017）对"差点儿没VP"的句式进行了分析，他提到"差点儿没VP"与"差点儿VP"语义相近，但使用环境有别。文章通过分析预期的属性，指出了"差点儿没VP"产生多种解释的原因。方甜、彭加法（2019）分析了"NP1＋V得＋NP2＋VP"句式，他们认为在这一结构中，造成多种语义解读的原因主要有两种情况：一是VP只能指向NP2；二是VP既可以指向NP1，也可以指向NP2。此外，他们提出了通过提供具体语境以及变化句式等方法可以消除该类歧义。段继储（2018）整理了前人对"连"字句式语义信息的分析成果，揭示了"连"的省略造成歧义的根源，并从句法形式上进行了验证。陈文君、肖奚强（2018）分析了结构"看不见你的爱"中的词汇歧义、语法歧义，并结合语境，对该结构进行了语义分析，讨论了歧义产生的原因。胡叶浩（2017）以歧义句"这幅地图好看"为出发点，考察了"名词短语（主语）／人称代词＋（副词）好＋二价谓词"结构的歧义情况，其中指出主语的语义角色是造成句子产生歧义的诱发因素，而对副词"好"的不同解读促成了歧义的直接形成。

2. 静态研究与动态研究相结合

相较于上一个研究阶段，学者们大多从句法结构、语义特点等静态层面就歧义句分析歧义句，20世纪以来的研究成果则更多将歧义句放到语境中去分析。例如，学者们提出在分析歧义句时要考虑句子的语用前提，或是从语用学的视角提出认识语用歧义的重要性。

康健（2002）将歧义句分为积极的歧义句（动态歧义句）和消极的歧义句（静态歧义句），并分析了利用积极歧义句所形成的各种修辞现象。迟宇风（2003）从语义和语用两个范畴出发讨论了歧义现象，其中从类型、产生原因等方面对语用歧义做了相关分析。丁后银（2003）比较了汉语副词"只"和英语副词 only 的语用指向，指出汉语中主语前的"只"只能指向主语，而主语后的"只"既能指向单项，也能指向多项联合体。也就是说，"只"每指向一个成分时，相应地就会有一个语用前提，整个句子也会产生相应的意义，从而产生语用歧义现象。孙建华（2004）提出语用歧义的产生和消除均离不开语境，并从省略的语言方式、交谈双方所持话题的不同、说话人和听话人的主观心理因素、具体的场景、意图等语境的角度对语用歧义的产生原因进行了分析。刘森林（2004）探讨了说话人如何利用指示词语产生的会话隐含义达到交际的目的。他认为，语言使用者可以利用指示词语负载的语用信息产生的语用歧义来实施语用策略。徐以中、杨亦鸣（2005）分析了副词"都"的主观性、客观性及语用歧义。他们认为对"都"字句的歧义分析需要考虑语用前提，并且指出在对副词进行分析研究的过程中不应局限于句法或语义，可以拓宽视野，在篇章、语用的范围内进行研究。刘景霞（2007）认为，自觉地使用语用歧义，不但不影响交际，反而使我们的语言生动形象，从而达到某种特定的修辞效果和语用目的。胡胜高、谭文芬（2008）从语用学视角对语用歧义进行了动态研究，提出话语的指示信息不明确、间接言语行为、语境制约缺失、话语语义指向偏离都会引起语用歧义的产生。周群强、李晶（2010）在对语用策略的类型分析中提到了语用歧义策略，即说话人有意识地让听话人在言语行为 A 或言语行为 B 中选择，对此时的话语听话人可以做出这样或那样的理解，而并不清楚哪一个言语行为才是说话人的意图。章彩云（2011）对语用歧义进行了界定。其认为，语用歧义是指特定的话语具有两种语境适应性而使言语包含两种含义且至少有一种含义是言外之意的一种言语现象。文章提出要把语用歧义与传统静态歧义区分开。相较于对话语的表面含义（不包括言外之意）做出不同理解的静态歧义现象，语用歧义是凭借推理手段对话语的隐含的语用层面上的意义做出适切解释的歧义现象。她还对语用模糊与语用歧义进行了区分。张羽（2012）对副词"就"的语义指向及消除语用歧义的原则进行了探讨。他提出副词"就"语义的指向不同导致了语用歧义，而通过焦点重音、句式变换等原则可以消解由副词"就"引起的语用歧义。徐以中、胡伟、杨亦鸣（2015）讨论了以往通过语义指向分析歧义的局限性，提出语义指向包括句法层面的和语用层面的，并且提出语用层面的语义指向分析适合用以考察"多指歧义"的句子，可以彻底消解语用歧义。

3. 语音作为影响因素的研究增加

20 世纪 80 年代至 90 年代的歧义研究是围绕词汇、句法、语义这几个主要方面展开的，鲜有涉及语音层面的歧义研究成果，在谈及分化歧义的方法时，也大多从语序、句式变换、语义制约等方面讨论如何消除歧义，很少有从语音层面论及韵律特征消歧作用的文章。20 世纪以来，将语音特征与句子歧义相关联的文章越来越多，学者们开始思考歧义句的语音问题，并基于对韵律特征在歧义中作用的研究，开始尝试通过语音学相关实验来分析歧义句。

亢世勇、朱学岚在《语音特征在分化歧义中的作用》（2000）一文中提出能够分化歧义结构的语音特征有重音、停顿、声调、语气和语调，并且分别对各种语音特征可以分化的歧义类型做了梳理与分析。徐以中、杨亦鸣（2010）在对"就"与"才"的歧义及相关语音问题的研究中提出副词的语音分析是必要的，不仅要考察副词本身的语音问题，还应考察与副词相关成分的语音问题。他们认为利用实验语音学的手段可以使副词的语音分析更加精细化、科学化。于秒（2011）对"V + N1 + 的 + N2"式歧义词组韵律消解作用进行了实验考察，提出前后停顿时长与"V + N1 + 的 + N2"歧义词组的句法关系相对应，能够消解该类词组的歧义，是最重要的解歧韵律线索。姚倩（2011）通过实验研究的方式，研究了汉语母语者和以汉语为第二语言的学习者对带有不同重音的"都"字句的解读情况。他提出，对比重音是凸显焦点的一个重要手段，在教学中，教师应有意强调作为焦点的重音。黄彩玉（2012）通过对"V 双 + N 双"歧义结构提取的声学数据的分析，发现在偏正结构和动宾结构中动词和名词的最高基频、调域和时长三方面要素的变化具有较为一致的规律，并依此提出语音上"V双 + N 双"歧义结构的自然分化是焦点重读原则和语法重音原则一起作用的结果。其在《"都"字语义歧义句的实验语音学分析》（2013）一文中，同样通过声学实验和听辨实验对"都"字歧义句，如"汤都凉了"，进行了考察，认为可以通过语音手段消解歧义。徐以中、孟宏（2015）分析了"还"字歧义句的语音特征，提出对同一成分在不同条件下进行语音比较是确定轻重读的稳定途径，轻重音的判断需考虑音域、时长、音强等综合因素。

4. 歧义研究与多学科多领域接轨

在这一阶段，出现了更多处理歧义的方法。杨晓峰等（2001）基于实例的汉语句法结构对歧义消解进行分析，其详细描述了基于实例的排歧法的主要算法，并且通过实验证明这种方法对汉语的结构分析排歧是有效的。

秦颖等（2007）对汉语分词中组合歧义字段做了研究，分析了组合歧义字段在切开与不切时的词性变化规律，提出了一种新的组合歧义字段自动采集方法。李济洪（2011）对汉语框架自动识别中的歧义消解进行了探究，尝试对给定句子中的目标词，基于其上下文环境，从现有的框架库中，为该目标词自动标注一个合适的框架，进而探讨了汉语框架自动识别中的歧义消解问题。于秒等（2015）探讨了"V＋N1＋的＋N2"歧义结构在句中加工的情况，得出语义和语境信息能够影响"V＋N1＋的＋N2"歧义结构的早期加工等结论。张哲（2016）在对工作记忆广度与句法歧义消解的关联性研究中，采用行为科学研究范式，依照不同工作记忆广度，以符合述宾－偏正型短语组成的歧义句作为实验材料，进行了探究工作记忆广度与述宾－偏正型句法歧义消解之间是否存在相关性的实验。何文广等（2017）提出，句法成分依附歧义是人类语言领域内较为常见的语言现象，对于依附歧义消解机制的研究有利于揭示语言的深层加工机制。他通过眼动实验得出，认知方式对句法成分依附歧义消解机制有显著性影响。张娟（2017）对"坐下来"类歧义动趋结构的认知功能进行了分析。她提出，采用什么语言形式来表示某种情景是人的认知模式、语言交际功能及语言自身的系统性等因素共同起作用的结果。"坐下来"可以表示状态改变，也可以表示位置改变。她分析了歧义产生的原因，以及当"坐下来"表示位置改变的情景时形成的认知机制。顾介鑫等（2018）对"挂念小芳的爷爷"类句法歧义加工的脑功能成像做出了探究，其在文中通过功能性磁共振成像实验，研究了汉语"VP＋NP1＋的＋NP2"类句法歧义，指出虽然句法歧义允许存在两种结构分析，但它们的心理表征并不平衡，存在解读偏向且偏正结构的表征占绝对优势。邵士洋（2020）以认知语言学相关理论为基础，对词汇歧义、结构歧义和辖域歧义的产生和识解做了分析，认为语言的内部因素和人的认知因素共同促成了歧义的识别和消解。贾光茂（2020）提出，量词辖域的歧义现象并非只是由句法原因引起的，这种类型的歧义在一定程度上反映了人类的认知方式。

　　跨学科的研究对于处理歧义产生了极大的推动作用。分词研究、结构歧义、消歧策略等方面迎来了新的发展。歧义问题的研究方法变得多样，进一步向细致化、综合化、纵深化的方向发展。

三、小结

　　汉语歧义的研究历经了三个阶段。20 世纪 50 年代到 70 年代，歧义问题开始逐渐受到汉语学界语言学家们的关注。语言学家往往从句法分析入手，逐步探讨语言的歧义现象，但这个阶段关于汉语歧义的研究成果并不多。到了 20 世纪 80 年代至 90 年代，歧义研究开始呈现"百花争鸣"的繁荣景象，相较于前一个阶段，涌现了众多的研究成果。例如在歧义界定方面，有的学者认为歧义就是多义，或是主要由于词汇的多义现象引起的；有的学者认为应把歧义和多义区分开来；有的学者进一步区分了歧义、多义、笼统、模糊、双关等相关概念；有的学者强调的是句子的"不确定性"或意义上的"多种可能性"；还有学者认为歧义表现为"结构上的不一致性"。关于歧义的类型研究也是角度众多的，有的从语体的角度区分口语歧义和书面语歧义；有的从语言内部根源的角度区分词汇歧义、组合歧义等；也有的根据"三个平面"的说法提出句法歧义、语义歧义和语用歧义；还有的从交际效应的角度提出有意歧义和无意歧义；等等。在分类上虽然各有依据，但仍存在一些问题。例如，分类较为零散化，分类标准不统一，在同一篇文章中对歧义所做出的分类可能涉及不同的标准、不同的角度；又如，不同歧义类型之间的界限并不严格，一些学者在分类过程中所运用的歧义用例能适用于不同的歧义类型，即有交叉现象存在，并且大多数分类研究都集中在句法、语义层面，对语音、语用层面的歧义现象研究较少。此外，这个阶段在歧义格式的研究上是相对较为深入的，出现了不少典型的歧义格式，如述宾结构、"N1 + 的 + N2""NP 的 V""在 + NP + V + N"等。在歧义分化方法的研究上，有了一定的探索，但仍缺乏角度上的丰富性和内容上的系统性。

　　21 世纪以来，歧义研究进入了一个全面化、纵深化发展的新阶段。关于现代汉语歧义研究的内容、涉及的领域相较于之前的研究阶段来说，都变得更加广泛，研究视角也更加多样。例如，对比 20 世纪 80 年代至 90 年代涌现出的大量关于歧义格式的研究，这个阶段歧义格式的研究成果仍然非常多，而且研究更加细致、具体化。学者们关注到了更多歧义表达的格式以及格式的变化。更多的学者将歧义研究与语用层面结合，不是单纯地研究歧义本体，而是将歧义放到语境中，从动态的视角去看待歧义。以上两点可以说是在之前的研究基础上的充分的完善。除此之外，还有两点变化是我们在之前的研究发展阶段不曾看见或是较少看见的：一是开始有了关于韵律特征在歧义中的作用的研究。以往的研究大多是从词汇、句法、语义的角度来探讨歧义，尤其在探讨引起歧义的原因这个方面，基本上没有涉及语音因素的研究成果。而在这个阶段，学者们开始关注语音层面的影响，开始重视韵律特征的作用。另一个变化是歧义研究开始与心理语言学、认知语言学、计算语言学接轨，出现了更多处理歧义的方法。这也让我们了解到歧义研究并不单纯是语言本体层面的研究，它和很多学科、领域都有所关联。事实上，多领域跨学科的研究成果的涌现正说明了歧义研究的纵深化发展趋势。

第三章 韵律音系学理论

一、理论的产生

在音系学领域，学者们发现很难通过形态句法结构来解释某些音系现象的发生。随着"韵律成分"这一概念的提出，这些原本难以解释的音系现象问题得到了解答。不同的韵律成分根据一定的规则构成了一个层级系统，即韵律结构。随着音系学的不断发展，许多新的理论产生并得到了完善，发展出了不同的子系统，例如节律栅理论①、自主音段音系学②、词汇音系学③，也包括韵律音系学。

韵律音系学最早的理论和主张来自音系学家 Selkirk（1978，1984）的研究。Selkirk 坚信音系句法之间存在某种关联，他系统阐述了表层句法结构如何通过一系列语法规则映射为表层的语音表达式。Nespor 和 Vogel（1986，2007）的著作 *Prosodic Phonology* 对韵律音系学的各项理论主张和假设都进行了系统深入的描述，内容涉及韵律音系学的方方面面，包括韵律的各个层级、音系与句法部分的交互作用，韵律对歧义的消解等，推动了韵律层级理论方面的诸多探索，以及其他相关领域的研究，例如语言习得、语言感知与产出，等等。有学者指出该书是韵律音系学走向成熟的重要标志（秦祖宣、马秋武，2016）。Nespor 和 Vogel（1986，2007）认为，韵律音系学是把言语语流组构为某种有限音系单位序列的理论，也是音系和句法部分交互作用的理论。这种交互作用通过以形态、句法和语义概念为基础所建立的音系结构映射规则形式，提出了一系列必要的音系单位，用以

---

① 节律栅（metrical grid）是节律音系学的标示方法之一。节律音系学理论最初由马克·立波曼（M. Liberman）和艾伦·普林斯（A. Prince）于 1977 年为处理重音现象而提出，主要用来分析和处理韵律单元的轻重组织结构，包括节律树和节律栅两种主要的标示方法。

② 自主音段音系学理论是约翰·戈德史密斯（J. Goldsmith）于 1976 年在声调研究的基础上提出的，该理论认为声调是独立于音段的自主音段，声调与音段处于不同的音层，从而突破了经典SPE 理论线性表征的局限，标志着音系学研究进入了非线性音系学（non-linear phonology）阶段。

③ 随着音系学的进一步发展，音系规则应用的范围从原先单一的音系部分扩大到了词汇部分，于是产生了词汇音系学（Lexical Phonology）。

描述各种音系规则的使用范域。尽管在划分音系单位的过程中需要参考句法其他部分的不同结构，但韵律理论的基本观点是不变的，即音系成分本身并不一定跟句法的其他成分互为同构。在韵律音系学的框架下，从音节到话语被划分出七个不同的韵律单位，不同层级构成一个完整的韵律系统，其中两个最小的单位——音节和音步的建构主要是基于音系规则，而其他韵律单位则是以各自不同的方式揭示出音系和句法其他部分界面的特点。

在韵律层级理论框架内，具体的音系单位从小到大包括音节、音步、韵律词、附着组、音系短语、语调短语、话语。对于这些音系成分和句法成分之间是否对应的问题，Nespor 和 Vogel（2007）明确指出，形态 – 句法成分无法解释音系规则所有类型的应用范域，即二者之间是不对应的。对于韵律和句法的接口问题（韵律和句法是否存在交互作用？若存在交互作用，那么是单向的还是双向的、直接的还是间接的?），他们认为音系和句法之间存在着单向间接的作用，具体表现为句法单向间接影响音系。他们从不同的方面通过例子证明二者之间的非直接性影响，例如，语调范域就不能由句法结构直接决定。例如，

> ［The frog］［ate a fly］［for lunch］.
> ［The frog］［ate a fly for lunch］.
> ［The frog ate a fly for lunch］.
> （［ ］中的成分为语调短语）

Nespor 和 Vogel（2007）指出虽然上述例子可以有三种语调停顿，可以选择性地出现在每个句法短语之后，即位于每一个 X 范畴的最大投射末尾，但并非所有情况下都如此，如在下面这个句子中的停顿就是错误的：

> ＊ ［Bruce］［never］［understood］，［I believe］，［why Paul］［can't see the southern Cross］［from his home in Brittany］.
> （＊表示错误）

因此，在韵律音系学家的观点中，音系规则的使用与否由韵律结构来决定，音系通过映射规则来体现形态 – 句法对它的影响，句法间接作用于音系。

二、韵律层级理论

韵律音系学是生成音系学的一个分支，主要研究语言的韵律结构以及

韵律结构单位之间的关系。前面提到，韵律音系学的一些主要理论最早来自音系学家 Selkirk 的著作（Selkirk，1978，1980，1984），而 Nespor 和 Vogel（1986，2007）随后系统深入地论述了韵律音系学的各项理论主张和假设，其反响之强烈、影响之深远为韵律音系学领域前所未有。与传统生成音系学的线性表征不同，韵律音系表征包含了一系列以层级方式组成的音系单位，这些音系单位的定义基于融合句法其他组成部分信息的映射规则，这些单位遵循了树形图的几何构建原则，被归入不同的层级。这些原则表现如下：

原则 1：所给定的非终端韵律层级单位 X^p 含有一个或多个直属下级范畴单位 X^{p-1}。

原则 2：所给定的层级单位完全包含在高一层级的韵律单位内。

原则 3：韵律音系学的层级结构均为多分结构。

原则 4：对姐妹节点相对突显关系的界定为：一个节点为强节点（s），其余节点都为弱节点（w）。

根据上述构建原则，自然话语可被切分为一组有限的、有层级结构的韵律单位。其中"韵律层级共性观"是当前音系学界的主流观点，它认为人类所有语言都具有一个相同的韵律层级，Nespor 和 Vogel（1986，2007）是该观点的代表人物。这两位音系学家提出，语言的韵律层级从下往上依次为音节、音步、韵律词、黏附组、音系短语、语调短语、话语（如图 3 - 1 所示）。

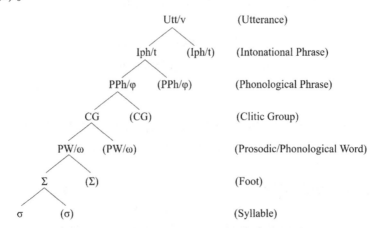

图 3 - 1   Nespor 和 Vogel 提出的语言韵律层级

上述这些韵律单位是构成韵律层级系统的基础，音系学家们对这些韵律单位的定义及构成做出了详细的论述。当然，韵律层级中的各个成分并非在所有语言中都是突显的。对此，音系学家们（Selkirk，1980；Nespor and Vogel，1986）认为，我们即便在某种语言中找不到对应的音系单位 X^i 的规则，也并不足以断定 X^i 在这一语言中不存在。首先，参照 X^i 的规则始终有存在的可能，只是目前仍有待发掘；其次，即便其应用范域为 X^i 的音系规则可能不存在，也并不意味着 X^i 与这一语言的整体音系模式毫无关联。接下来，我们具体来看韵律层级系统中的各个韵律单位。

（一）韵律层级单位

1. 音节

在 Hooper（1976）的自然生成音系学和 Kahn（1976）的自主音段框架内，音节开始被普遍接受为一个音系单位。Nespor 和 Vogel（1986，2007）将音节视为韵律层级的最小成分。音节是人们在语流中能自然分辨的最小语音结构单位，也是重音语言中组成音步的单位。在英语中，音节分成音节首音（onset）和韵（rime），韵又由音节核（nucleus）和音节尾音（coda）构成（如图 3 - 2 所示）。

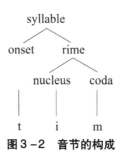

图 3 - 2　音节的构成

Selkirk（1978）提出，首先，一种语言音位配列限制最普遍和最有解释力的陈述只能参考话语的音节结构来完成。其次，只有通过音节，才能对音段音系学各种各样规则所应用的作用域做出恰当的描述。最后，超音段现象如重音和语调的合适处理要求音段被分成音节大小的单位。可以说，音节在制约音系规则的应用中起着重要的作用。

在英语中，音节的划分通常如下：

$$[C_0 \quad V] \qquad [C \quad V \quad C_0]$$

Nespor 和 Vogel（1986, 2007）提出，这样的模式代表了一条普遍性划分原则，即把辅音划分给其右侧音节的起始，而不是划分给左侧音节的末尾。但这样的规则并非适用于所有的情况，例如以下两个例子：

i. pecan   [pe][can]
ii. packice *[pa][ckice]

在 i 例中，音节划分是正确的，但同样的规则放到 ii 例中则不正确，正确的划分应该是［pack］［ice］。这样的例子表明，音节的划分并不总是以同样的方式作用于音段序列。在英语中，音节划分的范域为词干加任意毗邻的非中性词缀，它不能跨越词干和中性词缀间的边界。虽然在荷兰语等语言中存在可以跨越词汇划分音节的情况，但是正如 Selkirk（1978）所说，前一种音节划分是一种普遍类型，为确保音节具有的合格形式，所有的语言都要拥有特定的规则。Nespor 和 Vogel（1986, 2007）也通过西班牙语、荷兰语的例子证明音节划分规则必须参照韵律词、音系短语等更大的范域，而音节本身也可以充当其他规则的应用范域。

2. 音步

根据韵律音系学模式，音节首先要组合构成音步，而不是直接组合构词。音步是在节律重音理论的发展过程中出现的。概括来说，音步的结构为由单节点支配的语符串，其中包括一个相对较强的音节和若干个相对较弱的音节（Liberman and Prince, 1977）。音系学家所说的音步是指词内音步，即节律凸显音步。在重音语言中，音步是建立在轻重组合的基础上的，一个轻重组合便是一个音步，它是韵律系统中最小的独立单位。所以和其他韵律成分一样，音步也是多分支结构，每个音步只有一个音节是强音节，语言的特殊性将决定哪个音节是强音节。

Nespor 和 Vogel（2007）提出，英语当中的许多音系规则的应用范域都为音步，例如 l - 轻化规则。这一规则作用于清辅音后面的辅音 l，只有当这两个辅音音段属于同一音步时，这一规则才发生作用。作者举了 I slip 和 icelip 的例子，前者的两个辅音音段/s/和/l/属于同一个音步内，即［I slip］为一个音步，所以/l/发生清化；而后者分属两个音步［ice］和［lip］，即两个辅音音段不属于同一音步，因此该规则不适用。Yip（1980）提到在汉语中，音步也发挥了重要作用，与一些音系规则之间存在着交互作用。Yip认为，汉语中的音步是基于音节声调建立的，他认为在汉语普通话以及部分方言中，存在着一种规则，即每个音步只允许有一个带全声调的音节。

他举了"喜欢"和"好的"这样的例子，这两例均含有两个音节，但只有第一个音节带有声调。Yip 将这样的现象解释为在一个音步中，声调删除规则会发挥作用，使得第二个音节失去了全声调。这些都是音步可以充当音系规则应用范围的佐证。因而依据音步来界定一些音系规则的应用范围，我们对很多规则的应用有了更加合理的概括和解释。因此，音步并不是可有可无的，它是韵律层级中非常重要的一个音系成分。

3. 韵律词

韵律词作为韵律结构层次中音步以上的最小韵律成分单位，直接支配音步。Nespor 和 Vogel（1986）提出，韵律词是利用非音系概念在映射原则基础上建立的、韵律结构层次中最低的成分，韵律词代表了音系和形态成分之间的相互作用。Nespor 和 Vogel（2007）认为韵律词的范域存在两种可能性，即等于或者小于句法树的末端成素。他们以希腊语为例，发现有些复合词重音的位置可以根据形态来预测，例如在带后缀/-aki/的派生词中，主重音总是在倒数第二个音节上；但是在其他一些例子中，却无法预测主重音的位置。对于复合词来说，主重音只有一个，这一事实说明一个复合词的两个组成部分构成了一个单独的音系单位，即构成了一个韵律词。基于此产生了合格性制约条件，即主重音要落在一个词的最后三个音节中的一个音节上。因而在希腊语中，一个复合词就是一个韵律词。而为证明音系词范域与句法层级的最低成分之间并不存在一一对应的关系，他们引证了土耳其语的规则。对于土耳其语来说，复合词的每个部分分别构成不同的韵律词，因此，韵律词的范域是小于句法树的末端成素的。

如上面例子所述，尽管韵律词这一成分会因语言的不同而有所差异，但语言的个性差异体现于界定韵律词的映射规则，这些差异并不影响韵律词本身的构建规则。Nespor 和 Vogel（1986）结合各种语言的特征，将韵律词的作用域概括为：

i. 韵律词的作用域是 Q，即句法树的末端成素。

或者

ii. 韵律词的作用域包含：一个词干；由特定的音系和/或形态标准认定的任何成分；用标记特征标记的任何成分。

iii. 句法树的末端成素内任何没有依附关系的成分组成与词干最近的韵律词的一部分；如果没有这样的韵律词存在，它们形成独立的韵律词。

　　韵律词的构建规则可以表述为：把韵律词范围所界定的语符串内的所有音步都连接到一个多分结构上。

4. 黏附组

　　Crystal（1980）提出黏附组为"类似单词的形式，但本身却不能单独使用"。Hayes（1989）将一个实词加上一个黏附词组合在一起形成的应用于某些音系规则的作用域的成分称为黏附组，它支配一个或更多韵律词，同时受到上一韵律层级音系短语的控制。不同于一些音系学家将黏附组归属于音系词或是音系短语（Booij，1983；Zwicky，1984），Nespor 和 Vogel（1986）认为，黏附组这样的成分既有别于词缀，也有别于独立词。他们以希腊语为例，发现作用于黏附组和作用于复合词的重音重调之间存在着实质性的差别。在复合词中，重音不一定落在复合词构成前曾承载主重音的音节上。但在黏附组中，单词的原有重音并不会发生转移。他们提出，"单词＋黏附组"这样的序列是重音重调规则的应用范围，并且，黏附组的成分不能仅仅由句法结构来决定。例如，希腊语中有些黏附组是前黏附组，如冠词，而有些只能做后黏附组，如所有格。对于这些黏附组而言，音系附着的方向反映了它们自身的特点。因此，黏附组的构建规则不一定与句法成分相一致。Nespor 和 Vogel（1986，2007）将黏附组分为方向性黏附组，它只能依附于某一个方向，例如左侧或右侧；以及简单黏附组，它原则上既可以位于左侧，也可以位于右侧。基于此，他们将黏附组的作用域概括为，含有一个独立单词（即非黏附语素）的韵律词加上任意毗邻的韵律词。其中，毗邻的韵律词包括一个方向性黏附组，或是一个简单黏附组。简单来说，黏附组包含至多一个实词，以及相邻的单音节功能词，如介词、助词、连词等。

5. 音系短语

　　音系短语是位于韵律词或黏附组之上的韵律结构层次。Nespor 和 Vogel（1986）以意大利语为例，使用在意大利中部和南部语言中常见的句法性叠音规则，来阐述音系短语的应用范围。他们指出，句法性叠音规则应用于含有两个音系词的序列，并且这一规则的应用语境为中心语的左侧而不是右侧。在意大利语中，短语中心语的左侧是非递归侧，右侧为递归侧。由此可以预测，若一种语言的递归侧为中心语的左侧，那么音系短语便会向右延展，反之亦然。于是，Nespor 和 Vogel（1986）提出音系短语的作用域包括含有一个实词中心语（X）的黏附组以及位于其非递归侧的所有黏附组（直至 X 的最大投射外包含另一个中心语的黏附组为止）。上述定义中的中心语（X）必须为名词、动词或形容词。例如下面例句的切分：

The cute cat always plays the red ball.

音系短语：

［The cute cat］φ［always plays］φ［the red ball］φ.

（［ ］φ 表示音系短语）

Miyara（1981）分析了日语中在音系短语内应用的音系规则，她对音系短语的范域概括如下：

X（小品词）（数量词）（小品词）

（X 指不含小品词的任意语符串）

这个模式可以表达为中心语和其后任何成分一起构成音系短语，直至 X 的最大投射外的另一个中心语出现为止。

可以说，音系短语参考了句法的概念，同时考虑了句子递归方向的不同情况。在右递归的语言中，音系短语的作用域包括短语中心语和同一短语内中心语前面的部分，如英语；在左递归的语言中，音系短语的作用域包括短语中心语和同一短语内后面的部分，如日语。由于无须参照短语中心语前后的任何具体成分，而只需考虑总体的结构关系，音系短语再次证明了句法和韵律层级之间的非同构关系。

6. 语调短语

Pierrehumbert（1980）定义语调短语为包含语调曲拱的一串口头材料，即语调短语是从语调方面定义的韵律成分。一些学者（Bing，1979；Ladd，1980；Selkirk，1978，1984）提出，某些类型的结构本身就可以构成语调范域，例如附加成分、非限定性关系从句、附加疑问句、称呼语、咒骂语，以及一些移位成分，并且不仅是在英语中，在几乎所有的语言中都是如此。例如下面的句子：

i. Lions［as you know］are dangerous.

ii. ［Good heavens］, there's a bear in the back yard.

iii. My brother［who absolutely loves animals］just bought himself an exotic tropical bird.

Nespor 和 Vogel（2007）指出，对于上述这种自行构成语调短语的结构，无须考虑它们在句子中所处的位置，它们在句首、句中或句末都仍然是语调短语。他们还指出，在例子 "Isabelle as you know is an artist." 中，由于 "Isabelle" 和 "is an artist" 被自行构成语调短语的结构 "as you know" 隔断，虽然本身它们不属于自行构成语调短语的结构，但此时二者也自动构成单独的两个语调短语。基于此，Nespor 和 Vogel（1986，2007）将语调短语的作用域概括如下：

    i. 在 s – 结构层面凡是结构上未与句子树形图连接的语符串内的所有音系短语。

    或

    ii. 根句中所有剩余的毗邻音系短语序列。

简而言之，语调短语内部包括哪些音系短语是自由的，它可以自己就是一个音系短语，也可以包含句子里所有的音系短语。通常来说，语调短语的边界比较明确，即我们可以感知到的较长的间歇。

7. 话语

话语是韵律结构层次中最高一层的单位。Hayes（1989）指出，话语的边界是自然的，不是犹豫造成的停顿出现的地方。一个话语往往包含一个或更多的语调短语，长度通常延展至句法树最高节点所支配的字符串。Nespor 和 Vogel（1986，2007）概括话语的作用域为包含句法树状图上对应于 X^n 的所有语调短语，其中 X^n 指句法树最高节点所支配的音串的长度。同时，他们指出尽管普通句重音本身并不存在，但却存在着语调短语末的句末语调，它表明该话语已经结束。Klatt（1975，1976）提出，句末元素如元音、音节等往往会被延长。上述这些都表明音系话语的最后一个语调短语往往会重读，即话语的最后一个语调短语是强节点，因为句末语调出现在最后一个语调短语上。此外，Nespor 和 Vogel（1986，2007）还通过例子论证音系话语与句法树中 X^n 所支配的语符串序列并不完全——对应。

（二）句法 – 韵律的交互关系

早期的生成理论认为，音系学的特征表现为音段的线性组构，以及一系列根据表层形态 – 句法成分结构隐含特定音系规则的应用范围。Chomsky（1965）的模块化理论涉及句法、音系、语义三个方面。这引发人们的思考：当各语法模块彼此独立时，它们互相之间又产生了什么样的联结？例如音系与句法之间、音系与语义之间是否存在交互作用？如果存在，又是根据什么样的原则、以什么样的方式在发生作用？这一系列关于音系模块与其他模块之间接口问题的研究随之不断发展，引起越来越多语言学家的关注。

谈及韵律，传统的"韵律"一词在诗歌领域内比较常见，例如，它可以指前后音节数量的对称。而现代语言学所说的"韵律"有别于传统诗歌中韵律的概念。《语言与语言学词典》（Bussmann，2000）中说，韵律是例如重音、语调、数量、停顿等语言学特征，还包括话语的节拍和节奏。《语言学及语音学词典》（第六版）（Crystal，2009）将韵律表述为：一个用于超音段语音学及音位学的术语，统称在音高、音响、音速及节奏方面所发生的各种变化。为区别于传统理解，语言学中常会使用"韵律特征"（prosodic features）这一名称。Liberman 和 Prince（1977）合著的 *On Stress and Linguistic Rhythm*（《论重音与语言节奏》）一文奠定了当代韵律学的理论基础。

早在 20 世纪 30 年代末，著名语言学家 J. R. Firth 就提出了韵律音位学（Prosodic Phonology）的概念，其中涉及音位与语法成分之间的关系问题。1956 年，Chomsky、Halle 和 Lukoff 发表了 *On Accent and Juncture in English*（《论英语的重音和结构》）一文，其中依据句法结构的规则，他们对英语句子的重音做出了全新简明的分析。随着音系学和句法学的发展，20 世纪 80 年代，关于音系和句法的交叉研究开始兴起，逐渐成为语言学研究的新领域。1988 年在美国斯坦福大学召开的一次全美范围的讨论会专门讨论了音系与句法互动的问题。此后，音系与句法互动关系的研究越来越多地受到语言研究者的重视。其中，Nespor 和 Vogel（1986，2007）所著的 *Prosodic Phonology* 系统论述了韵律音系学的各项理论主张与假设，对众多语言的韵律结构以及韵律与句法的关系都进行了深入的探讨。

关于韵律和句法的交互研究，或者简单来说是二者的关系研究，主要围绕两个问题展开：第一，音系和句法是否存在交互作用？第二，如果存在交互作用，那么这种作用是如何体现的？早期人们认为表层的句法和底层的音系基本上在性质上是完全相同的，直到后来学者们的认识发生了变化，人们才意识到音系和句法是相互独立的个体，句法有句法的结构，音系也有音系的结构。于是新的问题出现了：音系结构和句法结构之间到底是怎样的关系？它们之间的一致性和差异性是如何体现的？

关于音系和句法的一致性，主要的观点认为韵律上的一些明显特征，例如停顿、语调边界、边界延长等，一般出现在主要的句法边界上。即韵律特征可以通过句法形态得到预测（Chomsky, et al., 1968；Goldman-Eisler, 1972；Klatt, 1976；Cooper, et al., 1980）。例如：

（Ted and his friends）（go to the dune）.

在上述例子中，我们发现句法短语的边界与音系短语的边界一致。因此我们也可以说，句子的韵律模式在某些情况下由句法成分的边界决定。Wennerstrom 和 Siegel（2003）的研究发现，语调的变化与一个句法结构的结束有着非常高的正相关性。

再比如，有些歧义是由于句法层面上的不同切分导致的，不同意义的两个句子句法上的切分与韵律上的停顿也是一致的。例如：

（白色的）（背包和鞋子）
（白色的背包）（和鞋子）

而韵律和句法的差异性则主要体现在韵律成分和句法成分之间并不是完全对应的。例如，韵律上的暂停并不总对应于某种句法成分结构，并不是所有的句法差异都可以通过韵律模式体现出来，等等。那么，在韵律结构和句法结构之间差异性存在的前提下，衍生出了韵律和句法互动关系的探讨。

1. 句法结构制约韵律结构

关于句法结构对韵律结构的影响方式，主要围绕两个相互冲突的理论假设展开，即直接句法假设（direct syntax hypothesis）和间接句法假设（indirect syntax hypothesis）。直接句法假设的支持者们（Kaisse，1985；Odden，1978，1990；Choi，1991）认为，句法结构能够直接影响音系规则的作用域，不需要经过从句法单位向韵律单位转化的过程。而更多学者支持间接句法假设（Selkirk，1978，1981，1986；Nespor，et al.，1986；Shih，1986）。他们认为句法对音系的制约是间接的，音系规则只对韵律单位起作用，因此在分析过程中，首先要将句法单位转化为音系单位。Nespor（1986）提出句法结构不适合定义音系规则的作用域，音系规则不是直接利用句法，而是利用基于句法构建的韵律短语和短语边界。因此，根据间接句法假设，依据句法构建的韵律成分不一定与所有的句法成分存在一一对应的关系。

2. 韵律结构制约句法结构

Zec 和 Inkelas（1990）较早提出韵律制约句法的观点，他们提出有些句法现象单纯用句法术语进行描写、解释会非常烦琐，而若从韵律的角度来解释则会使问题变得简洁明了了。以他们提到的"重型名词短语移位"为例，

"重型名词短语"（例子中下划线的部分）可以在双宾语结构中移位，例如：

He threw <u>the letter from the principal decoder</u> into the wastebasket.
He threw into the wastebasket <u>the letter from the principal decoder</u>.

但是在有些情况下，名词短语不可以移位，例如：

He threw the letter into the wastebasket.
＊ He threw into the wastebasket the letter.

Zec 和 Inkelas（1990）认为从句法的角度无法对上述例子给出合理的解释，但若从韵律的角度来解释所谓的"重型名词短语"则容易得多，即必须是包含两个或两个以上的音系短语。这说明确实存在韵律制约句法的情况。但一些学者认为韵律对句法的制约作用是需要具备充分的前提条件的（Tranel，1998；Golston，1995），即在韵律和句法的关系中，句法仍然优先于韵律。针对这样的观点，也有学者提出了反例。例如，Harford 和 Demuth（1999）通过班图语的例子指出韵律优先于句法。和句法制约韵律的研究相比，韵律制约句法的研究成果并不多，目前在汉语学界，也有不少学者开始关注韵律对句法的影响。

三、汉语的韵律层级

每一种语言都有自己的韵律系统，不同的韵律层级观都有特定的韵律单位。不少学者都对汉语韵律系统的层级提出过自己的主张和观点（王洪君，1999；冯胜利，1996，2000；林茂灿，2000；李爱军，2002；曹剑芬，2003）。这些学者的观点有同有异，例如，李爱军（2002）认为汉语的韵律单位从小到大依次为音步、韵律词、次要韵律短语、主要韵律短语和语调组。王洪君（1999）认为普通话的韵律系统由韵素、韵、韵律字、合音字、韵律词、黏附组、韵律类词、韵律短语、语调短语、话语这些单位共同构成。本书则参考了冯胜利（1996，2000）对于汉语韵律单位的划分，他基于韵律语法研究的基础，认为汉语的韵律单位由小到大包括韵素、音节、音步、韵律词、韵律黏附组、韵律短语、语调短语和话语这 8 个层级。

（一）汉语的韵律单位

1. 韵素

韵素，在汉语中指音节中的韵这个单位里的要素。一般而言，单韵素音节为轻音节，双韵素音节为重音节，三韵素音节为超重音节。在汉语中，根据传统音韵学的观点，汉语音节可以分为声母和韵母两大部分，其中，韵母由韵头、韵腹和韵尾组成。可以充当韵头的有/i/、/u/、/y/（汉语拼音写作 i, u, ü），都是高元音；可以充当韵尾的有高元音/i/、/u/（汉语拼音写作 i, u）和鼻辅音/n/、/ŋ/（汉语拼音写作 n, ng）。从本质上来说，韵素在音系学中能起到两个作用：首先可以用来表达音段的长度，其次是作为音节重量、重音指派和声调的基本单位存在。由于汉语音节并没有明显轻重之分，轻重往往又与长度相关，所以只剩下声调与韵素有相关性。在汉语中韵头并非声调的承担者，并且根据 McCawley（1968）的表述，是长音节由两个韵素组成，短音节由一个韵素构成。我们可以得知一个音节至少包含一个韵素，并且通常也只有两个韵素。因而在汉语音节中，韵头不算韵素，韵腹和韵尾各算一个韵素。由于普通话没有长短音位的对立，因而单元音韵母是一个韵素，如/A/、/o/、/ɤ/（汉语拼音写作 a, o, e）；由于韵头不算韵素，因而后响双合复元音韵母只算一个韵素，如/iA/、/jɛ/、/wA/（汉语拼音写作 ia, ie, ua）；因韵腹和韵尾各算一个韵素，所以前响双合复元音韵母是两个韵素，如/aɪ/、/eɪ/、/au/（汉语拼音写作 ai, ei, ao）；中响三合复元音韵母和鼻韵母都包含两个韵素，如/jau/、/waɪ/、/an/、/aŋ/（汉语拼音写作 iao, uai, an, ang）。

Hayes（1981）认为汉语是重量不敏感型语言。冯胜利（2000）也指出，汉语对一个音节内部的韵素数量多少并不敏感，所以包含一个韵素的音节和包含两个韵素的音节在节奏中不会形成强烈的长短、轻重的对立。因此，韵素这个单位在汉语的韵律层级系统中是不突显的，它只是音节的构成单位。

2. 音节

音节，是语言中自然感知到的最小的语音片段。在汉语中，基本上一个汉字便是一个音节，两个汉字读一个音节的是儿化音。每个音节基本上都是由声母、韵母和声调三个部分组成，有一些可以没有声母或声调，但一定有韵母。音节的概念对于汉语来说非常重要，除却联绵词、音译外来词、叠音词，汉语中一个音节往往就是一个语素。音节表现了汉字的读音，可以说是汉字的语音表现。汉语音节的拼读过程要求按照普通话音节的构成规律，声母、韵母各自独立发声，在音节中位产生合声。一般来说，汉语的音节结构具有这些特点：其一，元音在音节中占优势，如果一个音节只有一个韵素，那么这个韵素基本上就是元音；其二，音节可以没有辅音，例如"饿"；其三，汉语音节不能没有声调，不能缺少韵腹。

3. 音步

人们在说话时会无意识地产生停顿，这是一种节奏的表现，自然语言有自身的节奏单位。学界将这种不受语义和语法影响的节奏单位称为"自然音步"。冯胜利（1996）认为，汉语的自然音步一般由两个音节组成，双音节词如"语言""研究"，以及双音节短语固定形式如"睡觉""走路"，等等，都可以被看作双音节音步的产物。除了双音节的标准音步外，汉语中还有由单音节组成的"蜕化音步"和由三个音节组成的"超音步"（Chen，1979）。汉语普通话自然音步的基本规律表现为（冯胜利，1998）：

i. 从左向右组建音步；
ii. 双音节优先组构标准音步；
iii. 单音节不成音步；
iv. 剩余的单音节与其左邻的双音节组成一个音步。

对于具体的字串来说，两个音节和三个音节都构成独立音步；四字组则由［2＋2］构成，例如"柴米/油盐" "罗马/尼亚"；五字组一般由［2＋3］组成，如"金木/水火土""印度/尼西亚"；六字组由［2＋2＋2］这样的模式组合而成，例如"捷克/斯洛/伐克"；七字组的节律为［2＋2＋3］，例如"布宜/诺斯/艾利斯"。

4. 韵律词

关于汉语韵律词，Cheng（1987）认为是在词汇词①的左边界建立的，因为在普通话的句法结构中除了名词短语，基本上中心语都在左边。林茂灿（2002）认为韵律词是基频变化组，由简单韵律词、复杂韵律词和复合韵律词三种类型构成。其中，简单韵律词主要指双音节和三音节词汇词，复杂韵律词则是由两个及以上词汇词组成，复合韵律词是由两个及以上简单韵律词和/或复杂韵律词结合而成。冯胜利（1996）提出了韵律词在构词法中的重要地位。他认为汉语最基本的音步有两个音节，即汉语的"标准韵律词"是两个音节。单音节不能构成韵律词，三音节也不是"标准韵律

---

① 词汇词，是指根据词的同一性原则经过抽象、概括、归纳划分出来的能够独立运用的最少意义结合体，它与语法词相对应。

词"。从韵律词的角度来看汉语，则词与短语的区别就不那么重要了，因为根据上述观点，无论是词还是短语，只要满足两个音节，就能构成韵律词。基于此，冯胜利（1996）以"音步实现法"阐述韵律词的构成，即在一个有音形式的句法树形图上，从最右边的音节起向左数，直到一个音步的音节数量得到满足为止，如果树形结构里的成分符合音步的要求，那么它就能构成一个韵律词。

5. 韵律黏附组

语言中既像词又像词缀的成分叫作黏附词，这意味着黏附词可以如词一样充当独立的句法成分，但同时又如词缀，在语音上不能独立，总是需要依附相邻的成分。像英语中依附在前面的词上变为缩写形式的"s"便是很典型的例子。韵律黏附组则是韵律词和黏附词的组合成分。在汉语中，到底存不存在黏附组，这是一个颇具争议性的问题。冯胜利（2000）认为汉语中的"了/过/着"都是黏附词，黏附在前面的动词上构成"来了/听说过/看着"这样的黏附组，此时重音都落在动词上。还有一些学者认为由于汉语并非重音语言，而黏附组又与重音现象息息相关，汉语各音节之间的紧密结合度也不如重音语言，因此，黏附组在汉语中是不突显的单位。李凤杰（2012）提到，Nespor 和 Vogel（1986）的观点认为黏附组存在的前提是功能词属于韵律词，但汉语中汉语虚词如助词、语气词一般不能作韵律词。他认为汉语中很多"实词 + 功能词"的组合都是后词汇层面形成的韵律词。

6. 韵律短语

汉语是右递归语言。王洪君（1999）认为，汉语中的韵律短语是有规则性语法结构的、停延和音步的音域展敛可以用规则控制的可能多音步，即在音步组合的基础上，加上停延和音步音域的变化。根据上面提到的 Nespor 和 Vogel（1986）的观点，汉语中韵律短语的作用域包含短语的中心成分和短语中心语最大投射的左边界，类似于英语。如下面的例句：

很少看到这么美丽的风景。

韵律短语：［很少看到］［这么美丽的风景］

那个男孩伤心地坐在冰冷的地上。

韵律短语：［那个男孩］［伤心地坐在］［冰冷的地上］

李凤杰（2012）从名词性短语、动词性短语和形容词性短语三个类型出发，对汉语的韵律短语进行了较详细的分析。例如"他的书""首都北京"这样的名词性短语构成的韵律短语,"详细讲解""觉得新鲜"这样的动词性短语构成的韵律短语,以及"非常漂亮""光荣而伟大"这样的形容词短语构成的韵律短语。这些都是依据中心语最大投射的左边界所提取的。

7. 语调短语

关于汉语的语调短语,赵元任(1933)最早提出"代数和""小波浪和大波浪"的观点,解释了字调和句调、语调之间的关系。20 世纪 80 年代后期开始有越来越多的学者通过语音实验来研究与汉语语调相关的声学参数(吴宗济,1982;沈炯,1985,1994;胡明杨,1987)。本书认为汉语语调短语的划分基于句法信息,但比较灵活,与语义、语速等因素都息息相关。例如"他在心里无数次地斟酌要如何表达对这片有着悠久的历史、璀璨的文明、勇敢的人民的大地的爱"这样的句子,就可以有如下多种语调短语的切分形式:

> i. [他在心里] [无数次地斟酌] [要如何表达] [对这片有着悠久的历史]、[璀璨的文明]、[勇敢的人民] [的大地的爱]。
> ii. [他在心里无数次地斟酌] [要如何表达对这片有着悠久的历史]、[璀璨的文明]、[勇敢的人民的大地的爱]。
> iii. [他在心里无数次地斟酌要如何表达] [对这片有着悠久的历史、璀璨的文明、勇敢的人民的大地的爱]。
> iv. [他在心里无数次地斟酌要如何表达对这片有着悠久的历史、璀璨的文明、勇敢的人民的大地的爱]。

此外,对于汉语中的插入语来说,无论在句子中的什么位置,都可以形成独立的语调短语,例如:

> i. [小兰],[你知道的],[他一向都是这样]。
> ii. [你知道的],[小兰],[他一向都是这样]。
> iii. [小兰],[他一向都是这样],[你知道的]。

8. 话语

话语是韵律层级中最大一级的单位,一个话语由一个或更多的语调短语构成。这些语调短语往往关系密切,意义上、韵律上都有较为紧密的关联。Nespor 和 Vogel(1986)所定义的话语的作用域便是如此,句法树形图上对应于 X^n 的所有语调短语。对于话语的突显模式,李凤杰(2012)提到,话语的强节点总是位于最后一个语调短语上，这和其他韵律成分都不太一样，因为有句末语调出现在最后一个语调短语上，而且句末成分的元音或音节要变长，因而对于话语来说，最后一个语调短语是强节点（用 s 表示），其他节点是弱节点（用 w 表示）。如下面的例子，U 和 I 分别表示话语和语调短语的切分。

U［I［那个孩子］I［拿着一根棒棒糖］I［站在街道的尽头］］。
　　　　w　　　　　　　w　　　　　　　　　s

韵律音系学所提出的韵律层级观，对于汉语来说基本上是适用的，但并非完全一一对应。语言和语言之间有着共性，但同时存在着差异。例如，通过对以上韵律结构各个层次的梳理，我们了解到由于汉语是声调语言，并非重音突显的语言，因此，与重音相关的一些韵律单位在汉语中并不突显。但其中仍然有部分韵律单位在汉语的韵律系统中占据着重要的地位，比如韵律词、韵律短语、语调短语等。它们与句法、语义等方面有着不可忽视的交互作用，对汉语的表达、意义的区分产生了非常重要的影响。

（二）汉语韵律和句法的互动

关于汉语语音和句法之间关系的探讨开始于 20 世纪 50 年代。林焘（1957，1962）分析了汉语轻声的现象，提出语音格式的不同对语法和语义会产生直接的影响。吕叔湘（1963）对汉语中单双音节的问题进行了细致的分析。他指出，三音节的语音段落，大多数是由一个双音节加一个单音节（2＋1）或是一个单音节加一个双音节（1＋2）构成的。从结构关系上看，都属于偏正或动宾两种类型。这一点也引发了后来学者的广泛讨论。端木三（1997）、冯胜利（1998）通过"汉语大词典"不能说成"大汉语词典"的例子提出，"大汉语词典"的节奏不好把握，把"大"换成"大型"，即"大型汉语词典"，则符合汉语的表达习惯。端木三（1997）归纳得出规律：汉语中的述宾结构做定语时，如"碎纸机""养马场"，如果 O 和 V 是双音节或多音节词，则语序为 OV＋中心语，如果 O 和 V 是单音节，则语序为 VO＋中心语，因此"碎纸机"不能说成"纸碎机"，"养马场"不能说成"马养场"。此外，王洪军（2001）、王灿龙（2002）、周韧（2006）、沈家煊（2012）等都对汉语结构和音节之间的关系做出了自己的分析。

还有一些学者则围绕着汉语普通话三声变调的问题，对韵律和句法的关系展开讨论。在普通话中，三声变调的规则是"上上相连，前一个上声变为阳平"。但在实际语言运用中，出现了不同的情况。如大家讨论得非常多的例子"老李买好酒"，除了不变的单字调外，至少还有 4 种不同的变调形式，因此，我们常说的三声变调模式就无法对此进行解释。于是，学者们尝试引入句法的因素来分析不同变调形式产生的原因。Cheng（1973）提出，三声变调与句法树以及说话速度都有关系，语速慢时，变调规则只在句法结构最小的分支中应用；当语速加快，变调域则进入更大的分支，分支之间的三声连读可变可不变。

	老李	买	好酒	
单字调	3　3	3	3　3	
变调 1	[2 3]	[3	[2 3]]	（慢速，分支间三声连读不变）
变调 2	[2 2]	[3	[2 3]]	（慢速，分支间三声连读改变）
变调 3	[2 3]	[2	2 3]	（中速，分支变大）
变调 4	[2 2	2	2 3]	（快速，最大分支）

从这个例子可以看出，汉语的变调规则不仅和语速有关，还和句法结构密切相关。冯胜利（2018）在《汉语韵律语法教程》一书中讨论句法制约韵律时，举了"展览馆、小诊所、小好美"的例子，同样是三个上声连读，但由于三者的句法结构不同，最后的调值则完全不同，如下所示：

句法结构	变调规则	调值
展览馆：展览/馆	[[2 2] 3]	35 + 35 + 214
小诊所：小/诊所	[3 [2 3]]	21 + 35 + 214 （首音节变为半上声）
小好美：小/好/美	[3　3　3]	214 + 214 + 214

Selkirk 和 Shen（1990）、Zhang（1997）、Shih（1997）、Wu（2004）等学者通过考察上海话、福建话和普通话的连续变调域和底层语法结构的关系，也揭示了汉语韵律和句法的互动关系。

在韵律和句法的交互作用方面，汉语是否和西方学者笔下的其他语言不同？除了句法制约韵律的现象之外，是否还存在反向的作用，即韵律制约句法？关于这一点，Feng（1991，1995）在研究古汉语和现代汉语韵律句法现象的基础上，构建了一个韵律制约句法的理论框架，提出了"韵律句法学"的概念，对汉语中韵律制约句法的现象给出了详细的解释。他指出韵律句法学是一个跨学科的新领域，韵律音系学是韵律句法学直接运用的理论工具，韵律句法学是以当代韵律音系学和形式句法学为工具而构建的一种"语音－句法"交互作用的界面理论。虽然也有西方学者如 Zec 和 Inkelas（1990）最早提出"韵律控制句法"的观点，但并没有得到学界的广泛认同。冯胜利（2018）认为其中的原因在于：其一，西方语言不像汉语直接受到韵律的制约；其二，西方语言学理论一般认为语音、语义、句法等层面彼此独立，语音和句法之间只是单向作用，而不是交互作用。自 Chomsky 和 Halle（1968）首次提出英语的核心重音原则，Liberman（1975）提出相对凸显原则，之后，Feng（1995）针对汉语的现象提出韵律对句法的制约是通过核心重音原则这一机制来运作的，韵律对句法的作用可以通过韵律标记句法、韵律删除句法、韵律激活句法这几个方面来体现。例如，我们可以说"皮鞋厂"，但不能说"鞋工厂"；可以说"写汉字"，但不能说"书写字"。根据音步组向原则（冯胜利，1997），汉语的音步组向应该遵循"右向构词，左向构语"的规则，因此，上述例子中的现象可以理解为音步组向原则即韵律规则制约了汉语的句法结构。同时，韵律制约句法，又会影响语义。在汉语中，有很多歧义形式也正是通过不同的语音特征，比如轻重、停顿等韵律特征来区分不同的句法结构，从而表达不同的语义。这一点我们将在本书第四章重点讨论。

（三）汉语的韵律语法理论

随着学界在汉语的语音和语法互动关系方面有了更多的讨论，在韵律音系学的基础上，汉语的韵律语法研究形成了较为系统和深厚的研究理论。目前相关的主要理论有辅重原则、深重原则、音步组向原则、核心重音指派原则等。这些理论都尝试从句法内部寻求韵律制约句法的动因。

1. 辅重原则

Duanmu（1990）提出，在一个中心成分和一个辅助成分组成的结构里，辅助成分比中心成分重，即"辅重论"。利用辅重原则，可以解释以下汉语现象：

```
偏正结构
句法：（煤炭）（商店）    （煤炭）（店）    ＊（煤）（商店）
韵律：    2＋2           2＋1          1＋2
动宾结构
句法：（种植）（大蒜）  ＊（种植）（蒜）    （种）（大蒜）
韵律：    2＋2          2＋1          1＋2
```

在上述偏正结构中，中心语是核心，修饰语是辅助成分，根据辅助成分比中心成分重的原则，修饰语要重读。在动宾结构中，动词是中心词，宾语是辅助词，因此，宾语读得要比动词重。而在汉语中，核心重音表现得并不明显，更明显的是通过强调或对比得到的重音。因而汉语的辅重实际上表现为辅长，即在句法上辅助成分要长于或不短于核心成分。Lu 和 Duanmu（1991）提出了重音和词长的关系，即"重的词不能短于轻的词"，便解释了这一点，从而进一步补充了辅重论。换句话说，在汉语中双音节成分要重，单音节成分要轻，因此，在"煤商店"（1＋2）和"种植蒜"（2＋1）中，应该重读的辅助成分"煤"和"蒜"都短于轻读的中心成分，所以是违背辅重原则的。相同的还有"表工厂""阅读报""种植树"等，因此作者提出汉语偏正短语的韵律结构一般不为"1＋2"，动宾短语的韵律结构一般不为"2＋1"。辅重原则可以解释大部分类似于上述的情况，但仍然存在一些不能完全解释的情况，如"2＋1"式动宾结构"相信鬼""研究人"，以及"1＋2"式偏正结构，如"大工厂""长头发"等。对此，Lu 和 Duanmu（1991，2002）提出了通过考查词汇的弹性来解释这些特例，即"鬼、大、长"这些单音节词没有可变化的双音节形式，所以只能用这样形式。当然这样的解释略显牵强，仍有值得商榷的地方。

2. 深重原则

Selkirk（1984）观察到语义上的区分对预测重音的指派有重要的作用，因此她提出，仅仅依靠句法结构并不能完全准确地预测出重音的指派。Cinque（1993）而后提出，在结构上"内嵌最深"（most embedded）的成分将得到重音，即深重原则（depth stress principle）。所谓"内嵌最深"，是指在一个最大的投射 XP 中，只要某一成分与顶端节点 XP 间隔的节点最多，那么这个成分就应该是内嵌最深的成分。因此在一个最大投射 XP 中，补足语优先得到重音，其次是中心词，最后是标志语（如图 3－3 所示）。

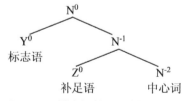

图 3－3　最大投射 XP 的树形结构

根据深重原则，仍可以解释上述辅重原则中提到的例子，如"1＋2"

式动宾结构存在的合理性。在这样的结构中，动词是中心词，宾语为补足语，根据补足语优先得到重音的原则，最终重音落在宾语上。再比如"2 + 1"的名名组合，如"手表店""煤炭厂"，根据辅重原则，重音是落在辅助成分修饰语上，即"手表""煤炭"重读。那么，深重原则是如何解释该现象的？根据 Selkirk（1984）提出的"论元 – 中心词"和"附属语 – 中心词"两种关系，我们来看汉语。在上述例子中"手表""煤炭"是被售卖、生产的，属于充当受事或客体的论元。Cinque（1993）认为，对于"论元 – 中心词"这样关系下的名名组合来说，论元位于补足语的位置上，而补足语优先得到重音，所以重音落在"手表""煤炭"上。而"粤方言"这样的结构，是"1 + 2"模式，但并不属于"论元 – 中心词"关系，而是"附属语 – 中心词"的关系，因为附属语对应于"时间""处所""属性"和"材料"这些题元角色。在"附属语 – 中心词"关系中，附属语位于标志语的位置，所以中心词相对于标志语优先得到重音。因而对于"粤方言"这样的"1 + 2"名名组合来说，重音在"方言"上。同时，深重原则还可以解释辅重原则不能很好解释的"形容词 + 名词"的"1 + 2"组合形式，如"大工厂""长头发""男工人"。这样的结构仍然属于"附属语 – 中心词"的关系，其中单音节形容词是标志语，名词为中心词，中心词相较于标志语来说，"内嵌"得更深，因而重音在名词上。

3. 音步组向原则

和音步组向原则密切相关的是"最小词"的概念。McCarthy 和 Prince（1986）提出，在韵律层级中，韵律词由音步组合而成，音步又必须遵循双分支原则，即一个音步至少由双音节或双韵素组成。冯胜利（2000）指出，在汉语中，音步不是由韵素直接组合而成，而是由音节组合而成，因此，汉语的最小词就是双音节音步。

在汉语中，韵律对构词和构语有着不同的制约方式。冯胜利（1997，1998）指出，汉语构词层面必须遵循自然音步的实现规则；而短语层面的音步实现不受方向限制，属于非自然音步。例如，从左向右组合而成的"2 + 1"模式，如"出租车"，这是词；而按非自然音步实现的"1 + 2"式，如"租汽车"，就是短语。冯胜利（1997）将这样的规则称为"右向构词，左向构语"。

4. 核心重音指派原则

冯胜利（2000）认为，核心重音（nuclear stress）是韵律制约句法的核心机制，也是韵律结构和句法基础结构彼此互动的基本途径。Chomsky 和 Halle（1968）首次提出英语的核心重音原则（NSR），即重音指派给主要成分最右边的可承重元音之上。Liberman（1975）之后提出相对凸显原则（relative prominence principle），认为对任意一对姐妹节点 $[N_1 N_2]$ 而言，若其为短语，则 N_2 相对较重。根据汉语的特征，冯胜利（2005）将汉语的核心重音概括为"基于管辖关系的重音原则"，即给定两个姐妹节点 C_i 和 C_j，若 C_i 和 C_j 为选择次序且彼此管辖，则 C_j 较为凸显。

汉语界韵律语法研究领域内这些理论的提出与完善大大丰富了汉语韵律语法研究的内容，解释了汉语中韵律和句法互动的多种现象，也推动着从韵律的角度解释现代汉语、汉语方言以及少数民族语言的进程。相较于西方学界在韵律和句法关系上的研究，汉语的韵律句法研究有了自己的成果，既体现了汉语和其他西方语言的共性，也体现了汉语的独特性。

四、小结

本章阐述了韵律音系学产生的基础、基本框架体系以及韵律层级理论，并且对韵律层级理论体系下汉语的韵律单位和韵律语法理论都做了相关描述。随着语言学家对音系与语法其他部分接口问题的关注，以及对音系规则作用域的研究的深入，韵律音系学便诞生了。不同于传统生成音系学的观点，韵律音系学的重点是研究描写各个韵律成分，并且指出音段边界符号能够被韵律成分取代作为规则作用域的标记，韵律结构成分与句法结构成分是不同形的。其中，韵律层级理论是非常重要的基础理论，它是音系作用域的理论。在韵律层级理论中，话语的底层表达被划分为根据层级排列的不同部分，即不同的韵律成分，这些韵律成分都是特殊音系规则和语音过程应用的作用域。在韵律音系学框架内，每个韵律成分都有不同的音系规则应用，同时也基于不同的原则界定，即每一个韵律成分都利用不同种类的音系和非音系信息来定义它的作用域。音系规则并不直接利用句法，这使得基于形态－句法成分包含的信息建立的韵律成分不一定与所有的形态－句法成分有一一对应的关系。在整个语言的韵律系统中，韵律单位的排列依据严格层级假说，其中包括所给定的非终端韵律层级单位 X^p 含有一个或多个直属下级范畴单位 X^{p-1}，以及所给定的层级单位完全包含在高一层级的韵律单位内等原则。Nespor 和 Vogel（1986，2007）认为，韵律层级理论适用于所有的语言。对于汉语而言，韵律层级中的哪些韵律单位在汉语中呈现出突显的状态，语言学家们对此产生了不同的观点。产生分歧的原因在于汉语是典型的声调语言，重音在其中并不发挥主要作用。因而语言学家们在韵素、黏附组等韵律单位是否存在的问题上产生了争议，但在音节、韵律词、音系短语、语调短语、话语这些韵律单位的突显性上则保持了较为一致的观点。韵律音系学作为音系学下的一个重要分支，它的理论主张无论是对于西方语言来说，还是对于汉语而言，都无疑值得学习与借鉴，其理论主张也为从新的角度来研究语言歧义开辟了新的道路。

第四章　现代汉语歧义的再分类

一、歧义分类的意义

歧义的类型研究与歧义研究的其他方面都有着密切的联系。例如，某类句法格式之所以产生歧义，必然与其句法结构的灵活性或语义层面的内在多义性有关，若从句法层面或语义层面对该类型歧义进行归纳整理，便可以针对性地对该类句法格式歧义做出分析。又如，在对歧义的消解研究中，要解决如何消歧的问题，首先要发掘出歧义产生的根源，而根源的发现在一定程度上建立在清晰的歧义类型划分与描述的基础上。再如，歧义研究中韵律特征的引入，韵律特征中的停顿是引发句法歧义的重要诱因之一，那么通过韵律特征这条线索除了可以消解停顿引起的歧义之外，还可以消解哪些类型的汉语歧义呢？这些都是我们需要解决的问题。因此，做好现代汉语歧义类型的分析、归类和梳理工作十分重要，它是系统研究现代汉语歧义问题的基础与前提。然而，从目前已有的关于歧义分类的研究成果来看，角度众多，歧义分类的标准不一，并且歧义各种类型之间界限模糊，对歧义类型的研究还缺乏整体架构方面的梳理。

二、歧义分类的维度

由于语言中歧义的表现形式非常丰富，我们可以从多种角度入手研究歧义问题，同样也可以根据不同的维度对歧义进行分类。例如，根据语言信息载体的不同，将歧义分为口头语歧义和书面语歧义；根据歧义是出自听话人或说话人的错误理解还是出于达到修辞效果的目的，将歧义分为主观歧义和客观歧义，或是有意歧义与无意歧义；根据语言层面静态与动态的特点，将歧义分为语言歧义和言语歧义；根据歧义表现的不同层次，将歧义分为短语歧义、句子歧义、句群歧义；根据三个平面的语法观理论，将歧义分为句法歧义、语义歧义和语用歧义；根据表层语法结构和深层语法结构的不同，将歧义分为显性语法歧义和隐性语法歧义；等等。

　　在通过众多维度对歧义进行分类研究的背景下，出现了分类零散、标准不一、在歧义类型的界定与描写上模糊不清等问题。例如，关于口头语歧义和书面语歧义的划分，事实上汉语中的口头语歧义主要是由同音词造成的歧义现象，如"他 qīzhōng 考试考得怎么样？"在口语表达中，由于"期中"和"期终"同音，因此在没有文字和具体语境辅助的情况下，这句话便产生了歧义。一旦进入到书面语中，歧义就消失了。这里的同音词是指同音不同形的词。为什么一定要强调"同音不同形"呢？因为一旦同音同形，我们就很难去界定到底是口头语歧义还是书面语歧义了。例如"我和小红很好"这样的句子，"好"可以有多种含义，可以指人品方面、身体方面、关系方面等。这样由同形同音多义词引起的歧义，无论在口头语还是书面语中都可能产生歧义，因此，这样的划分标准是存在问题的。又如有意歧义和无意歧义的划分，在没有足够明晰的前因后果、缺少充分语境的情况下，我们很难去判断到底歧义的产生是说话人刻意为之还是由理解上的偏差导致。有的时候主观理解上的错误也可能引发积极的交际效果。同样，语言和言语的划分一直以来都是语言学界讨论的核心话题之一。我们往往认为语言是指一个社会共同拥有的音义结合的词汇、语法系统；而言语是个人运用语言的行为和结果，这个概念是相对抽象的，它往往与思想性、实践性、知识性等层面相联系。放到歧义划分上来说，语言歧义和言语歧义的分界就没有那么清楚，存在模糊性。人们可能更多觉得语言歧义侧重词汇、句法方面，言语歧义侧重语义、语用层面。那么，是否能够绝对性地将词汇句法和语义语用完全分属两个阵营呢？事实上，根据语言和言语的标准完全区分开这两种歧义并不容易。还有很多的歧义划分，都是围绕句法、语义这些方面去做分类，往往忽略了语音方面的歧义现象。

　　除了上述在大的歧义划分标准的制定上存在各种问题外，在具体的歧义类别概念界定上也存在较多问题。例如，有学者将"同形歧义"进一步划分为"多音多义""多义词""同形词"的小类，其中的"多义词"和"同形词"均指同音多义的情况，因此存在概念区分不明之嫌。又如，将因词性差异导致的多义现象归于语法歧义，这又与"多义词歧义"之间存在归属不清晰的问题。有学者将在语义关系不明或语义指向不明等情况下产生的歧义也划分到了语法歧义的范畴，导致语义层面歧义和语法层面歧义的界限不明确。再比如，有学者通过"想起来了"这样的例子，来说明"超语段语用歧义，在口头上都有语音体现"，但对于该例来说，在口语中靠语音体现并不一定能将其表达的两个意义区分开来。对于该类型的很多例子来说，重音模式只是可能区分意义的途径之一，而并非绝对的方式。

基于上述众多问题，本书认为，歧义类型的划分标准、角度多样，在各种维度下难免存在交叉的情况，但我们要始终明确歧义划分是为了更好更全面地对歧义现象进行分析研究。因此，找到一个相对全面、严谨、清晰，并且能够基本涵盖语言系统各方面的歧义分类标准，明确各类型歧义的概念，弄清不同类型歧义的属性，是我们的目标。

三、本书歧义的分类

语言学的研究，从研究范围上来说有内外之分，即内部语言学和外部语言学。内部语言学研究语言的本体，因此又称为本体语言学或微观语言学。外部语言学主要研究语言和社会、心理、思维、文化等与语言有关的外部事物之间的关系，又称为宏观语言学或边缘语言学，例如发展快速的社会语言学、心理语言学、认知语言学等学科。本书所研究的歧义对象是基于语言学的内部研究而言的，即我们讨论的是语言的内部结构体系，不过多地关注语言外部的各种相关因素。

长期以来，人们分析描写语言往往从三个基本要素入手，即语音、词汇和句法。语言作为符号系统，首先具备了音义结合的二重属性，即语音和语义的结合是必然的；同时，从词汇要素来说，没有不表达意义的词，因此，词汇与语义的关系是形式与内容的关系。除了语言的三个基本要素，语义在语言系统中也占据了十分重要的地位。随着语言研究的发展，我们也意识到，即使有标准的发音、丰富的词汇、正确的语法，人们仍然可能在语言的理解、交际过程中遇到各种问题，这便涉及语用层面的探究。我们在谈论语言时，必不可少地会谈及上述提到的语音、词汇、句法、语义、语用这五个方面。正如从语言的内部体系来说，我们研究声音的物理属性、人们的发音方法、语音感知的生理过程，这是语音学；我们研究一种语言有多少不同的音，彼此之间有何关联和区别，衍生出了音系学；研究词的构成方法、屈折方式等，有了形态学；研究词汇的意义、词语的演变，这是词汇学；研究如何将词组合成短语、句子，这是句法学；研究词项与概念及指称对象的关系，揣摩各种词义、句意，这是语义学；还有研究在语境中的语意，以及如何用语言来表示行为的语用学。所以微观语言学即语言的内部结构体系必然包括语音、词汇、句法、语义、语用这些方面。因此，本书谈及歧义，也希望能从语言的这五个方面入手，从语音、词汇、句法、语义、语用层面逐一整理出不同的歧义类型。

（一）语音歧义

何为语音歧义？Nespor 和 Vogel（2007）指出歧义和音段的序列有关。他们以意大利语为例，指出"del lago"和"dell ago"二者意义不同，但发音完全相同。当出现［della：go］这个语音形式时，听话人无法判断出这个语音形式到底对应哪个词形。因此，我们将语音歧义界定为那些无法给特定的语音输出指派具体词形词义的现象。在现代汉语中，对语音形式相同但词形不同的词，我们称为"同音异形词"。例如：

> 例1：a. 这东西可以<u>治癌</u>。
> 　　　 这东西可以<u>致癌</u>。
> 　　 b. 这是一本<u>新闻学</u>的书。
> 　　　 这是一本<u>新文学</u>的书。

例1中"治癌"与"致癌"、"新闻学"与"新文学"两组词的发音完全相同，听话人听到例1a、例1b两组句子时，可能会对词义产生不同的理解。

在查找过往文献的过程中，我们发现一些观点认为因多音字（词）产生的歧义也属于语音歧义，这样的观点是不正确的。我们说的语音歧义，先决条件便是语音形式相同，即发音相同，而多音字（词）歧义不满足这个条件，因为多义字（词）歧义是语音形式不同，而字（词）形相同。也就是说，语音歧义一定是建立在相同的语音形式、不同的词形词义这个基础之上的。

（二）词汇歧义

词汇歧义，是指由词形相同、意义不同的词所引起的歧义现象。此类歧义现象与词汇结构、句法结构的差异无关。朱德熙（1980）指出这种歧义"不牵涉句子的结构，是词汇范围里的事，与语法无关"。

现代汉语的词汇歧义主要有三种情况，分别有"同形同音不同义"和"同形不同音不同义"这两种表现。

1. 同形同音不同义。

（1）一词多义歧义。

例2：这是一本好书。

例3：我和小红挺好的。

例4：这副地图好看。

例5：桌子上放着苹果。

例6：他走了一个多钟头了。

一词多义现象表现出的是同形同音不同义。上述例子都是由于词汇的多义现象导致的歧义句。例2、例3和例4都和"好"的多义有关。例2中的"好"可以理解为两种意思，既可以指书的外观及内页是完好的，同"残缺的"或"被损坏的"相对；也可以指书的内容好、内容上有价值。例3中的"好"也有多种理解，可以指"我"和小红的关系好，即关系密切，也可以指身体状况好，还可以指品质方面的好。例4中"好看"既可以表达"漂亮""看上去舒服"的含义，也可以指地图容易观察，"好"作"容易"之义理解。例5中的"苹果"可以被理解为水果，也可以被理解为苹果品牌的电子产品的代称。例6中的"走"可以指"走路"，也可以表示"离开"。

在一词多义现象中，有一种特殊的情况，我们将其与上面的例子区分开来，即词的另外一种含义只在特定的情境下出现。如下面两个例子：

例7：你配吗？

例8：你要饭吗？

例7的"配"在没有上下文的情况下，一般来说被理解为"够得上""符合"的意思，往往作为反诘语气来表达。但当这句话是由换锁师傅说出来的时候，"配"则成了"配钥匙"的"配"。同样在例8中，我们在大多数情况下会将"要饭"理解为"乞讨"的意思，但当这个词出自饭堂打饭阿姨之口，则是"你要不要米饭"之义。

（2）词义引申歧义。

例9：水很深啊。

例10：来就来，别背这么多包袱。

例11：门槛实在太高了。

例12：老人抿了口茶，慢悠悠地说："要变天了啊。"

例13：做老张的工作。

词义引申现象也表现为同形同音不同义。例 9 至例 13 都是由词的引申含义引发的歧义现象。例 9 中的"水很深"既可以指水的深度，也可以引申为"情况复杂，非一般人能了解清楚"。所以我们可以用其实实在在地描述池塘的水的深度，也可以以此来打比喻，例如"这个行业水很深啊，想做出点成绩不容易"。例 10 中的"包袱"既可以指装东西的包裹，也可以引申为负担。"别背这么多包袱"可理解为不要有太大的心理负担。例 11 中"门槛"既可以指实实在在的建筑上的门槛，也可以用"门槛高"比喻规范或是要求太高。例 12 中的"变天"可能是指天气的突变，也有可能是暗示社会环境的改变，例如，社会风气的转变或是政局政策的改变。例 13 中"做老张的工作"，既可以指帮助或代替老张做原本属于他的工作，同时"做工作"也可以引申为做他人的思想工作，改变其固有的想法。上述 5 个例子中的词语都有其基本意义，也有引申义，因此在缺少具体语境的情况下容易产生歧义。

2. 同形不同音不同义

第三种词汇歧义是由多音字（词）引发的歧义现象。多音字（词）歧义往往只出现在书面语中，一旦读出来就没有歧义了。

例 14：他还欠款一万元。
例 15：他在办公室看材料。
例 16：你重读这个字。
例 17：去那儿要先倒车。
例 18：你这是好事。
例 19：他俩同行。

由多音字（词）引发的歧义现象表现为同形不同音。例 14 中的"还"既可以读"haí"，也可以读成"huán"。例 15 中的"看"既可以读第四声，看材料即"阅读材料"，也可以读第一声，表示"看守材料"。例 16 中的"重读"既可以是"zhòngdú"，也可以是"chóngdú"。例 17 中的"倒"可以读第三声"dǎo"，"倒车"指中途换车；也可以读第四声"dào"，"倒车"意为车向后退。例 18 的"好"可以读"hǎo"或是"hào"，读第三声的时候"好事"意指好事情，读第四声的时候"好事"意思为多管闲事。例 19 中"行"有"xíng"和"háng"两个读音，读"xíng"的时候"同行"意思为一起走，读"háng"则意思是两人是同一个行业内的人。

上述三类都属于现代汉语词汇歧义的范畴。无论是词语的多义，词义的引申还是多音字（词）现象，它们的共同点是词形相同、意义不同。

（三）句法歧义

句法歧义，是指因句子结构层次不同，即切分不同或句子成分之间的关系不同而产生的歧义现象。在单纯的层次不同、关系不同，以及层次和关系都不同这三种情况下，我们整理出了 8 种常见的句法歧义类型。由于同一歧义类型中既有层次不同的情况，也有关系不同的情况，因此这里不将三种情况分开，一一分类举例。

1. 并列名词短语歧义

例 20：小王和小张的同学。

例 21：主要的领导和记者都来了。

例 22：漂亮的女孩儿和男孩儿。

这一类型的句法歧义，由并列名词短语构成，但在结构的切分上存在多种可能性。上述三个例句便存在以下切分的可能：

小王/和小张的同学。　　　　　小王和小张的/同学。

主要的领导/和记者都来了。　　主要的/领导和记者都来了。

漂亮的女孩儿/和男孩儿。　　　漂亮的/女孩儿和男孩儿。

以例 20 为例，"同学"到底是"小张的同学"，还是"小王和小张"共同的同学，切分不同，意思便截然不同。

2. 数量短语歧义

此类歧义结构中出现了数量短语。

例 23：三个孩子的妈妈。

例 24：两个学校的学生去了公园。

例 25：我们五个人一组。

例 23 既可以是"三个/孩子的妈妈"，也可以是"三个孩子的/妈妈"。这里就存在多种意思，可以是三个妈妈、三个孩子；也可以是一个有三个孩子的妈妈；还可以理解为只能明确地知道有三个孩子，至于他们的妈妈，可能是三个，也可能是两个或是一个。例 24 可以是"两个/学校的学生"，也可以是"两个学校的/学生"，即学生可以只有两个；也可以侧重来自两个学校，具体学生数量不知道。例 25 可以切分为"我们/五个人一组"，也可以是"我们五个人/一组"。前者意思可以理解为在场有很多人，根据五人一组来分组；后者可理解为明确地知道是包括我在内的五个人，组成了一组。

3. 多个定语歧义

该类型歧义主要是名词短语，其中的名词前有多个定语修饰。例如：

例 26：大红皮箱。
例 27：可怜的孩子的爸爸。
例 28：彩色铅笔收纳盒。

上述例句由于有多个定语成分，所以在切分时会存在差异。例 26 可以是"大/红皮箱"也可以是"大红/皮箱"。前者既形容大小，也包括颜色和材质，后者只指明颜色和材质。例 27 可以切分为"可怜的/孩子的爸爸"，也可以是"可怜的孩子的/爸爸"。前者是表示爸爸可怜，后者是说孩子可怜。例 28 可以是"彩色/铅笔收纳盒"，也可以理解为"彩色铅笔/收纳盒"。在第一种切分情况下，短语意为铅笔收纳盒是彩色的；在第二种切分情况下，短语意义为收纳盒是收纳彩色铅笔的。

4. 同位结构歧义

这一类型的歧义在同位语结构和偏正结构这两种结构中转换，属于非常典型的结构关系歧义。例如：

例 37：小李那几个学生挺调皮的。
例 38：你们老师工作很辛苦。
例 39：我们父母多么不容易。

上述三例中"小李那几个学生""你们老师""我们父母"作为同位语结构和偏正结构，在意义上是完全不同的。在同位语结构中，"你们"是老师，"我们"是父母，"小李"是"那几个学生"中的一员；而在偏正结构中，虽然省略了"的"字，但表示的意义却仍是"小李的那几个学生""你们的老师""我们的父母"。

5. 介词歧义

这一种歧义是由于出现了介词，短语的结构类型出现了不同的可能性。

其中又包括两种情况。

第一种是既可以为介名短语，也可以是名词性短语。例如：

> 例29：关于儿童的作品。
> 例30：对小李的态度。
> 例31：为了孩子的母亲。

上述三例当切分停在介词之后，便构成由"关于……""对……""为了……"组成的介名短语。若改变切分方式，"关于儿童的/作品""对小李的/态度""为了孩子的/母亲"则成了名词性短语。

第二种情况是构成主谓短语或动词性短语。例如：

> 例32：在这儿洗干净。
> 例33：到前面讲清楚。

上述两例可以被切分为不同的两种情况："在这儿洗/干净"和"到前面讲/清楚"构成主谓短语；而当改变切分方式，"在这儿/洗干净"和"到前面/讲清楚"则为动词性短语。上述两种情况下的介词歧义均属于句法层次和关系都不同的类型。

6. 指示代词歧义

主要是指由"这么""那么"等指示代词构成的歧义结构。例如：

> 例34：小杨那么高。
> 例35：棉花这么软。
> 例36：头发这样细。

这三例的不同切分如下：

> 小杨/那么高。　　小杨那么/高。
> 棉花/这么软。　　棉花这么/软。
> 头发/这样细。　　头发这样/细。

当切分停留在"小杨""棉花""头发"后面时，是对主语的描述，指示代词在此处则是强调性状的程度，短语为主谓结构；当切分停留在指示代词后面时，"小杨""棉花""头发"则成了一种参照物。例如，我们可以将语境补充完整"他个头不够，要像小杨那么高才行"，此时短语为状中结构。

7. 述宾结构歧义

在述宾结构引发的歧义中，宾语存在不同的情况。

（1）宾语是名词或名词性短语。

在这种情况下，又存在两种类型。

第一，歧义源于该结构是述宾结构，还是偏正结构。

> 例40：学习文件。
> 例41：翻译小说。
> 例42：阅读课文。
> 例43：帮助她的学生。
> 例44：喜欢干净的孩子。

上述例子既可以作述宾结构理解，也可以作偏正结构理解。例如，"学习文件""翻译小说"既可以指进行的动作、所做的事情是在"学习""翻译"，也可以是说明文件、小说的类型。

第二，歧义源于该结构同属两种不同的述宾结构。

> 例45：带大孙子。
> 例46：撕破衣服。
> 例47：叫他哥哥。

在例45和例46中，我们将"带/大孙子""撕/破衣服"看作述宾结构$_1$，将"带大/孙子""撕破/衣服"看作述宾结构$_2$，这两种述宾结构表达的意义不同，歧义由此产生。而在例47中，"叫/他哥哥"是一般性述宾结构，即述宾结构$_1$；同时我们也可以将其看作述宾结构$_2$，即另外一种特殊的述宾结构——双宾语结构"叫他/哥哥"。

（2）宾语是形容词。

> 例48：认识落后。
> 例49：我讲不清楚。
> 例50：他说完了。

上述几例都可以当作述宾结构，宾语都为形容词："认识什么？认识落后""你讲什么？我讲不清楚"，"他说什么？他说完了"。即"落后""不清楚"和"完了"充当宾语的成分。同时，也可以将上述例子看作主谓结构，"落后""讲不清楚""说完了"充当谓语成分。

（3）宾语是动词。

这里又存在两种情况。

例51：讨论决定。

例52：指导宣传。

例53：分析总结。

第一种情况，上述三例作为述宾结构，"决定"是"讨论"的宾语，"宣传"是"指导"的宾语，"总结"是"分析"的宾语；同时，"讨论"与"决定"、"指导"和"宣传"、"分析"和"总结"也可以为联合结构。又如：

例54：想起来。

例55：考虑下去。

第二种情况如上面两例。"想做什么？想起来""考虑什么？考虑下去"在述宾结构这种情况下，"起来"和"下去"是焦点，需要重读。当作述补结构时，动作"想"和"考虑"成了焦点，"起来"和"下去"做补语。

（4）宾语是主谓结构。

当宾语为主谓结构时，会在两种不同情形下出现歧义现象。第一种为述宾结构或连谓结构。

例56：看见他笑了。

例57：知道你回来很开心。

在这两例中，当我们切分为"看见/他笑了""知道/你回来很开心"，短语结构为述宾结构；当切分为另一种形式"看见他/笑了""知道你回来/很开心"，短语结构则变为连谓结构，主语为同一个人，例如"我看见他我笑了""我知道你回来我很开心"。

第二种情形是在述宾结构和联合结构中转换。

例58：*批评老王表扬小张。*

例59：*支持孙中山反对袁世凯。*

例58和例59的结构划分有两种情况，一是述宾结构"批评/老王表扬小张""支持/孙中山反对袁世凯"，即批评的内容是"老王表扬小张"这件事，支持的内容是"孙中山反对袁世凯"这样的行为。二是划分为联合结构，即"批评老王/表扬小张"，"支持孙中山/反对袁世凯"。

8. 兼类词歧义

兼类词歧义，是指由于词具有不止一个词类，而使短语或句子产生两种或两种以上意义的现象。除了意义的改变之外，词类的变化还导致短语或句子的结构随之发生改变，因此，兼类词歧义不同于词汇歧义，兼类词引发的歧义现象直接关联到短语或句子的结构变化。我们将这一类型归在句法歧义的范畴内。

兼类词歧义这一类型中，我们又可以分出7种不同的情形。

（1）动词和介词。

例60：*你给我看看。*

例61：*通过这次考试，证明你可以。*

例62：*你叫我怎么办。*

例60中"给"做动词时，是"交付"之义，即"我看"；做介词时，意义等同于"替"，即"你帮我看"。"通过这次考试"中"通过"有顺利完成之义，此时是做动词；也有"以……为媒介"之义，此时是做介词。例62中将"叫"理解为"叫喊"时，它是动词；理解为"使，令"之义时，是介词。

（2）动词和助词。

例63：*他爬过山没有？*

此例中"爬过山"的"过"做动词时，表示从山的一边攀爬到另一边；做介词时，"过"在动词之后表示已经、曾经，即询问"有没有爬山的经历"。

（3）动词和副词。

例 64：<u>肯定工作是要做的</u>。

"肯定"做动词时，意思为"对事物持确认的或赞成的态度"，与"否定"相对；做副词时，表示"有把握，有信心"，即"工作必定是要做的"。

（4）名词和副词。

例 65：<u>光</u>这个东西就很神奇。
例 66：<u>自然</u>很美。

在例 65、例 66 中，"光""自然"作为名词，充当句子的主语。当"光"作副词使用，有"单单，只"这个意思，此时"这个东西"做句子主语。例 66 中"自然"为副词时，有"理所当然"的意思。

（5）名词和动词。

例 67：<u>组织</u>好，才有凝聚力。

此句中"组织"为名词时，是"集体、团体"的意思；当其为动词时，是指"安排分散的人或事使其有一定的整体性、系统性"。

（6）形容词和副词。

例 68：<u>实在</u>是特别好的品质。

"实在"作为形容词，意义与"诚实，真实"相近；作为副词，表示"确实，毫无疑问"。

（7）介词和连词。

例 69：他背着妈妈<u>和</u>妹妹去了以前的学校。
例 70：体育课上，只有我<u>跟</u>他打球。

上述两例中"和"与"跟"都可做连词使用，"妈妈和妹妹""我跟他"，此时前后两个名词形成联合结构，可以互换顺序；当"和"与"跟"做介词使用时，用以引出后面的对象，有"同"的意思，此时前后两个名词不可以互换顺序。

（四）语义歧义

语义歧义，广义上指因语义的不确定性而产生的歧义现象。具体来说，歧义的产生主要源于语义的指向不同、语义关系的不同以及语义特征的不同。根据歧义产生于这三种不同的情况，我们分别整理出主要的歧义小类。

1. 语义指向不同

语义指向是指句子中的某一成分与句中或句外的其他成分语义上的直接联系。某个结构的语义既可能指向该句中的 A 成分，也可能指向 B 成分，那么根据不同的指向情况，我们的理解必然会出现差异。

（1）代词指代不明歧义。

例 71：当他把钱还给吴彬时，他笑了。
例 72：妈妈要王玲和她的同学一起去。
例 73：小张看见小王正在和他的朋友聊天。

在上述例句中，都存在代词指代不明确的问题。例 71 中，第二个"他"可能是指向主语"他"，也可能指"吴彬"。例 72 中的"她的"，既可以指妈妈，即妈妈的同学，也可以指王玲，即王玲的同学。例 73 中，"他的"可以指小张的，也可以指小王的。

（2）代词的省略歧义。

例 74：我看到你那年才 8 岁。

在这个例子中，"才 8 岁"前面省略了代词，因此，我们不知道是"我看到你那年我才 8 岁"，还是"我看到你那年你才 8 岁"。

（3）代词的虚实歧义。

例 75：看什么？
例 76：你们班长是谁？

这类歧义产生于代词是实指还是虚指。当实指时，上述例句为一般疑问句，就是问"什么""谁"；而当代词虚指时，则变为反诘疑问句，"看什么"意义等同于"看什么看"，"你们班长是谁"可以放在"你们班长是谁，这点小事对他来说不算什么"这样的语境中去理解，表示对"班长"

的能力或某一方面的认可。

（4）"来""去"的指向歧义。

　　　例77：组织部调去了一位同志。

　　　例78：他派人去了。

　　　例79：他逼老张来了。

在例77中，"调去"可以是指从组织部将人调到别的地方，此时"去"指向别的地方；也可以理解为有人从别的地方调进了组织部，此时"去"指向组织部。在例78中，也是由于"去"的指向不同，我们既可以理解为"他去了"，即他去派人了，也可以理解为"别人去了"。同理，在例79中，"来了"也有两种指向，一是指向"他"，即他来了，他来逼老张；二是指向"老张"，即老张在被逼之下来了。

（5）状语的指向歧义。

　　　例80：我们<u>分别</u>找他们谈。

　　　例81：他们<u>一个接一个</u>把球投出去。

　　　例82：这些书我们<u>都</u>看过。

　　　例83：<u>星期一</u>我通知他去学校报到。

　　　例84：两个人<u>就</u>吃了三碗。

在上述例子中，由于状语指向存在多种可能性，从而句子产生了歧义。例80中，"分别"可以指向"我们"，即我们分别去找；也可以指向"他们"，即找他们分别去谈。例81中的"一个接一个"可以是一个接一个的人，也可以是一个接一个的球。例82中"都"若是指向我们，意思为我们所有人看过；若是指向书，即我们把所有书都看了。例83可以被理解为我在星期一通知了他，也可以理解为我通知的内容是"让他星期一去学校"。例84中的"就"如果指向"两个人"，此时表达的是人少吃得多；如果"就"指向的是"三碗"，则表达的是吃得少。指向不同，表达的意义完全相反。

　　　例85：小明在树上摘花。

　　　例86：他在火车上写字。

例85和例86的状语成分都是由介词短语充当。在前面句法歧义部分，我们提到了介词歧义，即在介词短语中，由于切分的不同，产生了不同的句法结构。此处介词短语在充当状语的情况下，不存在结构切分的问题，而是句子的语义指向存在两种可能性。如例86，若"在火车上"指向"字"，则火车是字的载体，字是写在火车上的；若"在火车上"指向"写"这个动作，则火车成了写字的处所。

（6）补语的指向歧义。

例87：他打孩子打得手肿了。
例88：他追小偷追得上气不接下气。
例89：他问老张问急了。
例90：大刀砍铁链砍断了。

在例87中，"手肿了"可以指向"他"，也可以指向"孩子"。例88的"上气不接下气"指向"他"时，指他追得上气不接下气；指向"小偷"时，则是小偷被追得上气不接下气。例89中"急了"可以是他问急了，也可以是老张急了。例90既可以是大刀断了，也可以是铁链断了。

（7）否定式比较结构歧义。

例91：这里不是广州，到处都有熟人。
例92：现在可不是前几年，一个瓜季儿就能挣万把块钱。

该类型句子中包含否定词，同时有比较的对象。歧义源于比较得到的差异是指向比较对象二者中的哪一个。在例91，到处都有熟人，是这里的情况，还是广州的情况，歧义产生于此。在例92中，我们也很难判断出"一个瓜季儿就能挣万把块钱"是现在的情况，还是前几年的情况。

2. 语义关系的不同

句子中词语的成分不仅处在一定的语法结构关系中，还处在一定的语义结构关系中。语义关系是指语言单位之间在意义上的关系，主要表现为纵向的聚合关系、反义关系、类义关系等，组合关系包括施受关系、领属关系、支配关系等。如果一个句子，或是说词语的线性序列存在两种语义关系，那么我们就可以对这样的序列做出两种不同的理解。

（1）"的"字结构歧义。

在"的"字结构中，"的"字前后的成分既可以形成领属关系，也可以形成施受关系。

> 例 93：老王的鞋做得好。
> 例 94：她的毛衣织得好。
> 例 95：这是鲁迅的书。
> 例 96：他的故事讲不完。

在例 93 中，"老王"与"鞋"可以是领属关系，即鞋是老王的，至于谁做的我们无从得知。同时这二者也可以是施受关系，即鞋是老王做的，老王做鞋的手艺很好。同理，"她的毛衣""鲁迅的书"都可以形成两种语义关系，一为领属关系，一为施受关系。在例 96 中，"他的故事"，既可以是"关于他的故事"，也可以是指"他在讲故事"，他所讲的故事讲不完。

（2）施事和受事不明确。

> 例 97：反对的是少数人。
> 例 98：开刀的是他父亲。
> 例 99：丁老师正在照相。
> 例 100：这个人连老张都不认识。

在歧义研究中，关于施事和受事不明所引起的歧义问题，有一个非常经典的例子——"鸡不吃了"。在这个例子中，"鸡"可能是施事，即"鸡不吃虫子了"，也可能是受事，即"人不吃鸡了"。上述 4 个例句，都是施事和受事不明确引发的歧义现象。例 97 中，"少数人"可能是反对行为的实施者，也可能是受事者。例 98 中，"他父亲"可能是开刀的施事者即医生，也可能是受事者即病人。在例 99 中，丁老师可能是给别人照相的人，即施事者；也可能是被拍照的人，即受事者。在例 100 中，当"这个人"是施事者的时候，意为这个人不认识老张；当"这个人"是受事者的时候，意思为老张不认识这个人。

3. 语义特征的不同

语义特征，又称"辨义成分"，指某个词在意义上所具有的特点。当然广义的语义特征还包括短语、句子的结构意义、句式意义等。语义特征的差异会让我们对句子做出不同的理解。

（1）时量短语歧义。

例 101：收了三年的租。

例 102：发了一天的工资。

例 103：挂了两天的画。

例 101 的歧义在于，我们无法确定是收租这件事持续了三年，还是说收来的租金是三年的，即到底是强调动作行为的持续，还是强调宾语的性状。同理，例 102 可以理解为发工资的行为持续了一整天，也可以理解为工资金额只是一天的金额。例 103 可以表示挂画这个行为持续了两天，也可以表示画已经被挂了两天。

（2）动词兼具施动性和受动性。

例 104：她借我一本书。

例 105：小王租小李两间房子。

在例 104 中，"借"既包含"借出"的意思，具有施动含义，也有"借入"的意思，包含了受动性。因此，这句话既可以被理解为"她借给我一本书"，同时也可以理解为"我借给她一本书"。例 105 中的"租"同样具有不同的语义特征，房子既可以是小王租给小李的，也可以是小李租给小王的。

（3）"让""叫"等兼具使动义和被动义。

例 106：我让他说了几句。

例 107：小李让小王开了个玩笑。

例 108：她叫老师表扬了一次。

例 106、例 107 中的"让"既可以作使动用法，也可以作被动用法。以句子 106 为例，一种理解为"我指使他说"，一种理解为"我被他说"。例 108 中的"叫"也兼具使动和被动双重含义。

（4）确指还是泛指。

例 109：列车晃了一下，开动了。

例 110：她按了一下门铃，门开了。

例 111：我去图书馆借两本书。

例 109、例 110 中的"一下"可以确指具体的一次，"列车晃了一次"，"按了一次门铃"；也可以是泛指，即列车晃动不止一次，按门铃不止一次。在例 111 中，"两本书"为确指时，数量就是实实在在的两本；为泛指时，指的是几本书。

（5）变化还是偏离。

　　例 112：你的头发长了一点。
　　例 113：芒果熟了一点。
　　例 114：那个坑挖深了。

在这个类型歧义中，歧义主要源于说话人要表达的是事物发生了变化，还是事物的发展与预期出现了偏离。在例 112 中，"你的头发长了一点"既可以被理解为对方头发变长了，也可以被理解为头发的长度偏离了预期，可以短一点。语义特征的差异主要集中在"长了一点"这个短语上。例 113 可以表达芒果慢慢变熟的状态，也可以表达芒果过于熟了，可能隐藏了没那么好吃的含义。例 114 可以表示坑深度的变化，也可以表示偏离预期，不应该挖这么深。

以上是基于语义层面，根据理解上产生差异的三种情况整理出的 14 种主要歧义类型。

（五）语用歧义

说到语用歧义，国内学者使用较多的还有"语境歧义"。我们认为，"语用"并不等同于"语境"的概念，语用歧义涉及语境、听话人的理解、说话人的意图等多方面的因素。广义的语用观认为，在一定条件下，说话人会选择具有特定意义的某个结构或话语，听话人也会以某种特定方式而不是以其他别的方式去理解意义。因此，对于语言歧义而言，说话人的意图和听话人的理解都是造成歧义的重要因素。Leech（1981）提到判断一个意义是否属于语用学范畴，需要考虑以下要素：

　　（1）是否考虑了说话人或听话人；
　　（2）是否考虑了说话人的意图，或听话人的理解；
　　（3）是否考虑了语境；
　　（4）是否考虑了通过使用语言或依靠使用语言来实施某种
行为。

　　因此，判断某种歧义是否属于语用歧义，亦可使用以上要素加以评估。我们将其归纳为两个标准：第一，是否由于语境知识的差异，听话人对说话人的表达做出了不同的理解；第二，是否由于交际需要，说话人故意制造歧义，旨在向听话人传达特定含义。若符合上述两个标准中的任意一项，便可以将其界定为"语用歧义"。

　　在这里需要特别指出的是，语用歧义不同于前面提到的语音歧义、词汇歧义、句法歧义以及语义歧义这四类歧义。语用歧义又可分为两种情况，一种从根本上来说源于语音、词汇、句法或语义层面的歧义，另一种则是从语音、词汇、句法、语义上来看并不存在任何歧义，而是单纯由语境因素引发的歧义现象。

1. 源于语音、词汇、句法、语义层面的歧义

　　著名音系学家 Irene Vogel 教授曾经提到过这样一个故事，在一场饭局上，她望着面前的一盘枣椰，问身边一位年轻的同事"Do you want a [deɪt]？"。这里的 [deɪt] 是指枣椰这种食物。而对方却理解成了"约会"的 [deɪt]，于是兴致勃勃地打听是什么样的女孩子。在这个例子中，听话人由于和说话人在交谈当下具有不同的语境知识，因此误解了说话人的话，做出了不同的理解。所以该例符合语用歧义的标准之一，属于语用歧义。但从根本上来说，产生歧义的原因是"date [deɪt]"一词具有多种含义，即一词多义现象造成了词汇歧义。

　　再看一个例子，这是一段顾客与卖豆腐的大妈之间的对话：

　　　　例 115：顾客："大妈，您这豆腐怎么卖呀？"
　　　　　　　　大妈："一块两块！"
　　　　　　　　顾客："是一块两块还是两块一块呀？"
　　　　　　　　大妈："两块一块！"

　　在这个例子中，由于交际双方对"块"后面名词的省略，使得"块"具有了两种含义，"一块钱"的"块"和"一块豆腐"的"块"，即此处"块"的语义指向变得不明确，顾客无法得知大妈所说的"块"是指向钱还是豆腐。该例涉及说话人、听话人以及语境，由听话人即顾客语境知识的缺失产生了理解上的问题，属于语用歧义的范畴。但进一步分析则会发现，该例是由于"块"的语义指向不明引起的歧义，因而从根本上来说是语义层面的歧义。

　　上述例子虽说涉及相关的语用要素，属于语用歧义的范畴，但从根本

上来说还是由一词多义、语义指向等问题引发的歧义。

2. 源于交际语境的歧义

这一类语用歧义,不同于上面的情况,并非由语音、词汇、句法或语义层面的歧义引起,句子本身不存在任何歧义,而是单纯地因交际者拥有不同的语境知识而导致的歧义。我们看下面的例子:

> 例 116:儿子:"爸爸我爱你。"
>
> 爸爸 1:"儿子我也爱你。"
>
> 爸爸 2:"说吧,有什么要求?"
>
> 爸爸 3:"你又犯什么错误了?!"

在这个例子中,儿子说的"爸爸我爱你"这句话本身没有任何歧义,但爸爸可能出现三种不同的反应,即爸爸对儿子的表达产生了不同的理解。为何爸爸会对儿子的话产生如此不同的理解呢?原因就在于语境知识的差异。这里的语境知识包括双方对话时的情境,即儿子在什么情况下、什么场合中说了这样的话;此外,还包括爸爸与儿子日常的相处模式,儿子是否会经常与爸爸用语言表达爱意。这些都会影响爸爸对这句话的理解与判断。

四、小结

我们通过梳理语言内部系统,将汉语歧义分为语音歧义、词汇歧义、句法歧义、语义歧义和语用歧义 5 种类型。5 种类型的歧义又可根据不同的情况,划分出更加具体的二级类别,如词汇歧义包含两种类型"同形同音"和"同形不同音"。部分歧义类型还可以根据结构、语义等情况继续划分出更加具体的情况,从而产生相应的三级类别。如句法歧义从句法层次和句法关系的角度又可以划分出 8 种类型;语义歧义根据 3 类二级类型又可以划分出 14 个三级类型。最终整理出相对清晰、完整的歧义类型系统,如图 4 -1 所示。

对于图 4-1 中的各种类型,上文都对其相关概念做出了界定。如一直以来可能存在界限模糊问题的语音歧义和词汇歧义,现在我们可以对二者进行清楚的区分,明确同音异形词引发的歧义并不属于词汇歧义类型,词汇歧义的重要条件是同形。对语用歧义的两种情况我们也可以辨别清楚,一种根本上是语音、词汇、句法、语义层面的歧义,另一种就是单纯的语

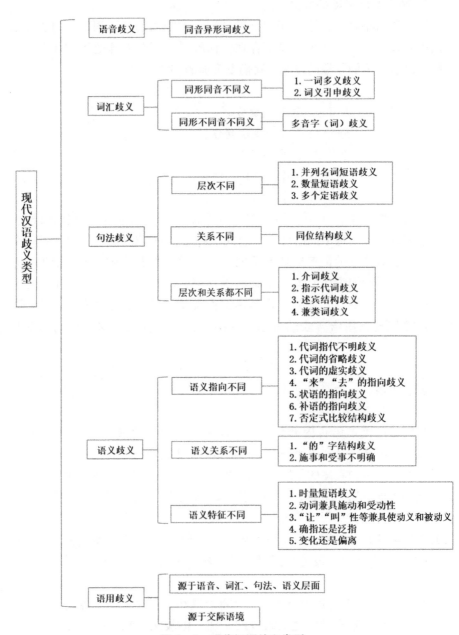

图 4-1　现代汉语歧义类型

境歧义，与语音、词汇、句法、语义都无关。概念的界定有助于类型的划分，也利于对语言内部系统的某方面歧义现象进行单独研究。

本章可以说是从微观语言学的视角对歧义进行了系统性的类型划分。从这个视角划分出的歧义类型与歧义消解之间是否存在某种联系？如果答案是肯定的，那么二者之间是什么样的联系？如果答案是否定的，那么歧义消解背后的规律又是什么？我们将在后面的章节予以探讨。

第五章　韵律线索在歧义消解中的应用

一、韵律线索对汉语歧义的消解

韵律是人类自然语言的一个典型特征，具有许多跨语言的共同特点，例如，音高下倾、重读、停顿等都普遍存在于不同的语言之中。韵律特征是语言和情绪表达的重要形式之一。在第四章，我们讨论了现代汉语的歧义类型。面对不同的歧义类型，我们可以探索出不同的消解手段。那么，运用语言的韵律线索能够有效消解现代汉语中哪些类型的歧义呢？

（一）消歧的韵律特征

对于音系学家来说，韵律表示决定音系单位的组合与相对突显的抽象结构（Culter，2012）。组合与突显是韵律中两个重要的方面，而韵律线索就是指实现组合与突显这两种韵律功能时的声学相关表现。不同的语言在语音上都有着相对高低、长短、轻重、快慢的区分，引起这些表现的要素就是韵律特征，主要包括音高、音长和音强方面的特征。在语言中，超音段成分表现与音高有关的主要是声调和语调，与音长有关的为长音或短音，与音强有关的为重音或轻声。由于在汉语中并没有音段长短的对立，对于同一个音节而言，虽然四种声调下的时长表现不同，但这并不是元音长短对立引起的。即使韵母中所含韵素的数量不同，但往往只要是同一个声调，听起来都一样长。所以长短音并非汉语韵律特征的主要体现。下面主要选取汉语中表现较为明显的韵律特征——声调、停顿、重音和语气语调来逐一讨论。

1. 声调
世界上的语言可以分为两大类：一类为声调语言，另一类是非声调语言。对于非声调语言而言，音高的变化只能区分语气的不同；而对于声调语言来说，音高的变化可以直接影响词汇意义。汉语便是典型的通过音高特征来区分词汇意义的语言。例如"qing"这个音节，它可以是"青

qīng"，可以是"晴 qíng"，可以是"请 qǐng"，也可以是"庆 qìng"。它们的音段成分都一样，但音高的表现不同导致了意义上的差异。

虽然对于汉语方言来说，音高变化的情况较为复杂，并且声调变化往往也伴随了音长和音强方面的改变，但声调仍然是汉语普通话音高变化的主要表现方式之一。对于现代汉语中的歧义句来说，声调也是消解词汇歧义的主要手段，例如词汇歧义中部分由多音字引发的歧义现象，见例 117、例 118。这一类歧义存在于书面语中，在口语中则会被声调所消解。

例 117：他在办公室看材料。

例 118：这个人好说话。

仅从字面上来看上述两例，我们无法区分句子的不同含义。然而一旦读出来，由于声调不同，句子意思便得以区分开来。"看"读成阴平时，是看守的意思；读去声时，是目光接触、阅读的意思。"好"读上声，是指容易说话，对方不会为难你；读去声，是说这个人喜欢说话。声调不同，可能引起词性的变化，意义也会截然不同。

2. 停顿

在表达中，人们会通过停顿来体现句子的结构、诉说内心的情感与需求，或是给予对方适度的时间去理解与思考。停顿也是构成完整语调的重要因素，在话语表达中有着重要的语音学、语用学意义。在句法歧义中，由于组合层次不同而产生的歧义类型往往与停顿的位置有着密切的关联，例如并列名词短语歧义、数量短语歧义、多个定语歧义等，见例 119、例 120。

例 119：小王和小张的同学。

例 120：他说不好。

上述两个例句的共同特点是它们都具有不同的组合层次，但在结构关系上，前者是不同的，后者是相同的。在例 119 中，当停顿出现在"小王"的后面，此时"小王/和小张的同学"构成并列关系短语；当停顿出现在"小张"的后面，则为"小王和小张/的同学"，形成偏正关系。在例 120 中，当停顿出现在"他"后面，"他/说不好"为主谓关系；当停顿出现在"说"后面，"他说/不好"仍然可以作为主谓关系来理解。但两个主谓短语的意义完全不同，前者为他不擅长表达之义，后者为"不应该由他来说"

的意思，例如"他说不好，你来说才好"。

因此，若组合层次不同，则无论结构关系相同与否，一般来说都可以通过停顿来区分意义。

3. 重音

重音，往往指语言表达中的某个成分，例如，词汇、短语或句子中的音节相较于另一个成分中的音节更加凸显。在重音语言例如英语中，可以从词重音和句重音来区分语言的轻重。例如"greenhouse"一词，当重音在前，意思为温室；当重音在后，则为"green house"，指绿色的房子。这是词汇层面的重音。句重音又包括焦点重音和核心重音。焦点重音往往可以有多种情况，要根据说话人的意图来定，即看语义要凸显话语中的哪个部分。核心重音又叫普通重音，是指一个句子在没有特殊语境影响下出现的重音结构。英语是需要靠重音来区别语音形式的语言，而汉语并非如此，在汉语中起区别语音形式作用的主要是声调，因此，重音就显得不那么重要。但是并不能说汉语中就没有重音。大部分学者认为汉语中的重音主要是音强加重的音节，或者说是句子中被突出强调的部分（黄伯荣、廖序东，2007；邵敬敏，2001；张斌，2002；罗常培、王均，2004）。根据英语中核心重音的概念，冯胜利（2000）认为汉语普通话句子的核心重音的范围是句子基础结构中的最后一个动词短语。他举了"我喜欢语言学"这个例子，核心重音为"喜欢语言学"这个短语；而焦点重音，又叫作强调重音，可以是"我"，可以是"喜欢"，也可以是"语言学"。强调重音往往与分化歧义有关。

例 121：想起来。

在例 121 这个结构中，若表示动宾关系，意思为想站起来或是坐起来，重音在"起来"一词上；若表示动补关系，意思为记起来了，和"忘记"相对，此时重音位于"想"一词上。

再比如"冬天能穿多少穿多少""夏天能穿多少穿多少"这样的例子，当重音分别位于"能"和"少"上，要表达的意思就完全不同了。

4. 语气语调

语气，主要体现在说话人态度和目的的表达上。在现代汉语中，句子的语气包括陈述语气、疑问语气、祈使语气和感叹语气。语气的表达涉及韵律和词汇两种手段，韵律上主要为语调的变化，词汇上体现为语气词的运用。语调对表达不同的语气起到了重要的作用。语调有广义和狭义之分，广义的语调涉及句子的音高、音强、音长等方面，狭义的语调主要是指音高的变化，常常也被称为句调。同样一个句子，当用上升语调，则为询问；若改为下降语调，则可能是普通的陈述。由于汉语是声调语言，语调对于声调的作用主要表现在，语调的变化可以使声调的调域发生变化，调域的上限、下限以及宽度都会发生相应的改变。事实上，语调与重音也息息相关。赵元任的语调学说也包含重音和语气两个成分，二者缺一不可。他的"代数和"提出了重要的一点，上升语调和下降语调作用于句末音节，这与后来学者们通过实验得出的结论"区分汉语疑问语气与陈述语气的信息主要存在于短语末了的一两个重读音节或首音节"相一致。

例 122：你在干什么？

例 122 这句话可以是一般疑问语气，询问对方在做什么；也可以读成反问语气，表示不满、斥责的态度。

结合上面提到的韵律特征，我们认为，在汉语中，可以通过改变音高、音长等相关声学特征，通过声调、停顿、重音、语气语调这些韵律线索来区分句子的意义，从而帮助消解歧义。

（二）理论上可消解的歧义类型统计

1. 理论上消歧的判定标准

在无上下文语境的情况下，理论上判断一个短语或句子是否可以消解歧义，以及可以运用什么样的韵律特征消解歧义，主要通过两种方式。一是根据歧义的类型找到引发该类歧义产生的具体原因，然后从原因入手，概括出消除歧义的主要手段。例如"打死老虎"，单看这个短语之所以有歧义，原因在于层次切分的位置不同，从意义上来说区别在于是"打/死老虎"还是"打死/老虎"。若我们找到了原因，那么只要在口语中明确层次，通过改变切分的位置即口头边界的位置，就可以在某种程度上消除歧义。而要改变口头边界的位置，最直接的韵律手段就是凸显成分之间的停顿，通过停顿来区分意义。除了凸显停顿之外，有时候伴随着停顿的变化还会出现音高的改变，表现为轻重的变化等。因此，停顿加上重音变化，我们就得到了理论上消除该类型歧义的主要韵律特征。再比如"能穿多少穿多少"的例子，引发歧义的原因在于语义上的不明确，我们不清楚"多少"所指的是什么，是表数量的"多"还是强调"少"，因此，要消除歧义，就要将所强调的地方凸显出来，即通过重读的方式来表现截然不同的两种含义。如要强调的是"少",那么重音就会向"少"倾斜。所以从理论上来说,重音便是消解这例歧义的主要韵律手段。

第二种方式是通过语图来观察发音人在表达两种含义时的语音表现,是否存在音高、音长等方面的明显差异,如若存在,那么便可以认为从理论上来说,该例歧义句是可以通过韵律手段消解歧义的。本书将第二种方式与第一种方式相结合,选取了两位发音人来读不同类型歧义下的歧义例句。发音人在明确歧义例句的两种含义之后录入句子,每个例句分别录入不同的含义。然后笔者通过 praat 软件来观察并分析两位发音人录入的句子是否在声学参数上存在差异,如音高、音长等方面,从而判断该歧义句是否从理论上来说可以通过韵律手段消除歧义。例如"带大孙子"这样的短语,一种含义为"把孙子从小带大"(后称含义1),另一种含义为"带的是大孙子,不是小孙子"(后称含义2)。两位发音人根据这两种含义分别录入的语音表现如图 5 - 1 所示。

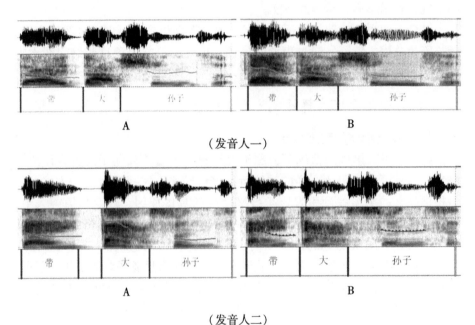

图 5 - 1 "带大孙子"两种含义的语图

从图 5 - 1 中我们可以较为直观地看到两种含义声学特征的表现差异。剔除弯头降尾部分的音高数据,在两位发音人的 A 组语图中,"大"的音高曲线较为平缓,接近整个短语音高表现的最低点;在 B 组语图中,音高曲拱的最高点都落在"大"上,"孙子"一词的音高表现平缓。通过听辨我们也可以发现两种含义的重音表现不同，在含义1中"孙子"相对重读，在含义2中重音是落在"大"上。所以对于该例歧义短语来说，我们可以通过韵律方式来区分意义，并且从音高曲拱以及音域大小差异来看，主要用以消歧的是重音手段。再比如"小学和中学部分班级"这个歧义短语，从歧义产生原因来看主要是切分位置上的差异；若是从两种含义各自的语图来看，如图5-2所示，二者在无声段部分表现出了较大的差别。

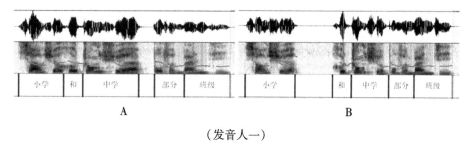

（发音人一）

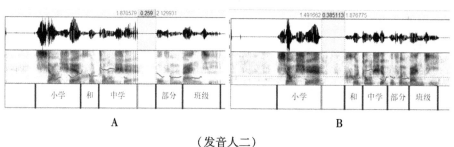

（发音人二）

图5-2　"小学和中学部分班级"两种含义的语图

从图5-2两位发音人各自的语图中我们看到，对于两种含义来说，无声段的位置存在明显的不同。对于"部分班级"既包括小学又包括中学的含义，无声段位于"中学"之后；对于"部分班级"仅针对中学的含义，无声段位于"小学"之后。而无声段直接与句中停顿相关，那么这意味着"小学和中学部分班级"这个歧义短语在表达两种含义时，主要通过改变停顿的位置这样的手段来帮助区分意义。这也与我们将歧义归因于切分位置的不同这样的结论相一致。

2. 理论上可消歧的类型

通过上述两种方式的结合，我们分析引发歧义的原因并观察歧义句两种含义的语音表现，从理论上判断各类型歧义是否可以消除，以及通过何种韵律手段消歧，最终得出表5-1。语音歧义、词汇歧义、句法歧义、语义歧义和语用歧义属于一级分类，它们下属的类型，如词汇歧义中的"同形同音不同义"为二级分类（表中仅列出三级分类，无二级分类），"同形同音不同义"又分出如"一词多义"歧义，这是属于三级分类。除了语音歧义和语用歧义，其他歧义类型都有三级分类。在表 5-1 中我们直接基于三级分类，在每个三级分类后面列出 1—2 个歧义例句。鉴于个别句法歧义小类包括多种情况，例如兼类词歧义，虽然没有具体列出不同的兼类情况，但仍然根据不同的情况列出了例句。语境歧义包括两种情况：若是源于内部要素，则仍然从语音、词汇、句法、语义的角度去分析；若是源于外部语境，例如"爸爸我爱你"背后可能隐藏着完全不同的含义，则无法通过韵律特征消解歧义，只有依靠语境来理解判断。因此，语境歧义并不在我们语音观察的范围内。

表 5-1 理论上各类歧义的消歧可能性

歧义类型	歧义例句	理论上能否消歧
语音歧义	这东西可以致癌（治癌）。	－－
	这是一本新闻学（新文学）的书。	－－
词汇歧义		
1. 一词多义	桌子上放着苹果。	－－
	他走了一个小时了。	－－
2. 词义引申	别背这么多包袱。	－－
	水很深啊。	－－
3. 多音字歧义	他在办公室看材料。	＋（声调，读出来即消歧）
句法歧义		
1. 并列名词短语歧义	主要的领导和记者都来了。	＋（停顿）
	小学和中学部分班级。	
2. 数量短语歧义	两个学校的学生去了公园。	＋（停顿、重音）
	他们两个人坐一辆车。	
3. 多个定语歧义	彩色铅笔收纳盒。	＋（停顿、重音）
	可怜的孩子的爸爸。	
4. 介词歧义	为了孩子的母亲。	＋（停顿、重音）
	在这儿洗干净。	
5. 指示代词歧义	小杨那么高。	＋（重音）
	头发这样细。	

续上表

歧义类型	歧义例句	理论上能否消歧
6. 同位结构歧义	你们老师工作很辛苦。	－ －
	我们父母多么不容易。	－ －
7. 述宾结构歧义	学习文件。	－ －
	带大孙子。	＋（重音）
	我讲不清楚。	＋（停顿、重音）
	指导宣传。	＋（停顿）
	想起来。	＋（重音）
	看见他笑了。	＋（停顿）
	批评老王表扬小张。	＋（停顿）
8. 兼类词歧义	你给我看看。	－ －
	他爬过山没有？	－ －
	肯定工作是要做的。	＋（停顿、重音）
	光这个东西就很神奇。	＋（停顿、重音）
	组织好才有凝聚力。	－ －
	实在是特别好的品质。	＋（停顿）
	只有我跟他打球。	＋（停顿、重音）
语义歧义		
1. 代词指代不明	当他把钱还给吴彬时，他笑了。	－ －
	妈妈要王玲和她的同学一起去。	
2. 代词的省略	我看到你那年才八岁。	－ －
3. 代词的虚实	看什么？	＋（重音、语调）
	你们班长是谁？	
4. 施事和受事不明确	丁老师正在照相。	－ －
	开刀的是他父亲。	
5. "来""去"的指向歧义	组织部调去了一位同志。	－ －
	他派人去了。	＋（重音）
6. 状语的指向歧义	星期一我通知他去学校报到。	－ －
	他在火车上写字。	－ －
	两个人就吃了三碗。	＋（重音）

续上表

歧义类型	歧义例句	理论上能否消歧
7. 补语的指向歧义	他追小偷追得上气不接下气。	－ －
	你别锯坏了。	
8. 否定式比较结构歧义	这里不是广州，到处都有熟人。	－ －
	现在可不是前几年，一个瓜季儿就能挣万把块钱。	
9. "的"字结构歧义	老王的鞋做得好。	－ －
	这是鲁迅的书。	
10. 时量短语歧义	发了一天的工资。	－ －
	挂了两天的画。	
11. 动词兼具施动性和受动性	她借我一本书。	－ －
	小王租小李两间房子。	
12. "让""叫"等兼具使动义和被动义	我让他说了几句。	－ －
	他叫老李骂了一顿。	
13. 确指还是泛指	列车晃了一下，开动了。	－ －
	我去图书馆借两本书。	
14. 变化还是偏离	你的头发长了一点。	－ －
	那个坑挖深了。	
语用歧义		－ －

注："－－"表示理论上无法消解歧义，"＋"表示理论上可以消解歧义，（）里表示的是主要用于消歧的韵律手段。

通过表5-1我们可以看到，从理论上来说消歧可能性最高的是句法歧义，并且消歧手段以停顿和重音为主。词汇歧义中由多音字引发的歧义可以在口语中直接消解，语义歧义中的代词虚实歧义以及部分"来""去"指向歧义和状语指向歧义也可以通过重读、语调的方式来消解歧义。除了这两种类型之外，所有可以消解的歧义小类都集中在句法歧义中。在句法歧义中，除了同位结构的歧义无论是从歧义引发的原因角度来看，还是从语图上看都没有明显的消歧特征，其他所有的句法歧义小类都可以从理论上利用韵律特征来区分意义。

但理论上的消歧只是一种预测，并不等同于这些句子在现实层面一定可以通过上述韵律手段消除歧义。例如"主要的领导和记者都来了"这样的句子，在现实中听话人是否能够在听到这样的句子后明确句子的意义，我们并不能确定；对于"带大孙子"这样的短语，当说话人注意重音的差异时，是否就可以让听话人清楚知道说话人要表达的意思，我们也无法确定。我们所预测的结果在现实层面是否成立？句法歧义中的大部分歧义小类是否都可以通过韵律线索消解歧义？有没有这样的规律告诉我们，那些能够被消解歧义的句子必须满足哪些条件？句法和韵律之间存在着什么样的关系？这些问题都值得我们进一步去思考、去探索。

二、句法结构与韵律结构

学者们曾认为句法会影响音系，但反过来却并非如此。表层的句法表达和底层的音系表达从本质上来看几乎相同，从句法到音系的映射只在表层结构上发生一些较小的变化。但是后来的学者对句法和韵律的认识有了很大的变化，特别是认识到韵律有自己的层级结构，即我们所说的韵律层级，韵律和句法二者是相互独立的关系。Selkirk（1978，1980）认为，韵律结构和句法结构之间的映射是存在的，因为韵律结构在某些方面反映了句法结构。这里说的反映句法结构，是指韵律结构在某些情况下可能利用了句法信息，但并不一定与句法结构同形。

（一）句法结构和韵律结构的一致性

20世纪60年代至80年代的许多研究表明，一些声学语音现象往往出现在主要的句法边界上，例如语调边界、边界前延长、暂停等。此外，一些短语突显模式也可以通过形态句法方面预测得到（Chomsky，et al.，1968；Goldman-Eisler，1972；Klatt，1976；Cooper，et al.，1980）。例如，音系短语总是以主要句法短语的中心语作为结束的标志；语调短语的边界往往与某些句法短语的边界相互对应。学者们认为，句子的韵律模式在很大程度上是由句法成分边界的位置所决定的。Lehiste（1974）指出，一些句法上的歧义可以通过口头边界的位置来消除，如下面的一组短语：

    a.　（clean）（desks and chairs）

    b.　（clean desks）（and chairs）

说话人可以根据改变口头边界的位置这样的韵律手段来达到消除歧义的目的。这说明句法对韵律有一定的制约作用。Selkirk（1978，1981）给出了这样的例子：

> In Pakistan, Tuesday, which is a weekday, is, Jane said, a holiday.

在上面的例子中，以标点符号为界，第一部分、第三部分和第五部分，这几处都是强制性的语调短语。可以说在句子中，一些句法成分如附加语、非限制性定语从句、同位语等往往属于独立的语调短语。

虽然早期的研究认为句法结构对于韵律结构来说有直接的影响，并且这种影响是绝对性的，但随着研究的发展、调查的深入，关于韵律结构和句法结构之间的关系出现了不同的声音，学者们发现实际的韵律表现与句法预测的结果有着明显的差异。

（二）　句法结构和韵律结构的差异性

我们将句法表达看作句子的表层结构，将音系表达看作句子的底层结构，二者通过音系成分规则联系在一起。所以事实上，句法表达和语音表达并不同形。首先，句法范畴和音系范畴不一样；其次，句法成分和音系成分之间没有一一对应的关系，句尾延长、语调曲拱的实现等语音方面的表现不能直接由句法决定。事实的情况是，音系规则对于韵律结构而言是敏感的，但对于句法结构来说并非如此。Chomsky 等（1968）也在很早的时候就注意到某些句子的韵律结构并不对应于句子的句法成分结构，例如，句中暂停的分布并不总是对应于某个句法成分。

前面我们提到句法上的差异与韵律结构之间往往有很大的关联，例如下面的句子：

> a. When you learn gradually, you worry more.
> b. When you learn, gradually you worry more.

我们可以通过停顿的改变来表现句法上的差别，此时句法表现和韵律表现是一致的。但有时候，句法上的差异并不一定就能通过韵律手段来得到体现，例如：

> The shooting of the hunters was terrible.

这句话有两个意思：一是说猎人疯狂地射击，一是说猎人被击中了。

对于这样的歧义句来说，我们并不能依靠韵律的表现来体现句法上的差异，从而让听话人明白说话人要表达何种含义。

此外，句法成分和语调曲拱的作用域之间也并不存在对等的关系。Nespor 和 Vogel（1986）给出这样的例子：

a. This is ［the cat that caught ［the rat that stole ［the cheese］］］.
b. ［This is the cat］［that caught the rat］［that stole the cheese］.

上述例句中 a 是对句子句法成分的分析，b 反映的是语调结构，这说明语调短语的作用域并不能直接由句法成分结构来决定。

综上，我们不能完全通过对句子句法结构的分析来预测句子的韵律结构。虽然在一些句子中，句法结构和韵律结构之间看上去存在某种程度的一致性，但我们也要看到二者之间是存在差别的。

（三）句法说与韵律说

一些句子的歧义可以从韵律的角度来消解，但同时也存在一些句子无法通过韵律线索来消歧的情况。具体是哪些条件和标准决定了句子的歧义能够被消解呢？事实上，在缺乏足够语境信息的前提下，听话人面对话语歧义的唯一线索便是韵律模式，那么句子的韵律模式又是怎样被决定的呢？这里要提到两个完全不同的观点——句法说和韵律说。

1. 句法说

Lehiste（1973）认为，一个句子的韵律结构直接由句法结构所决定。对于歧义句而言，我们能够消除不同语义对应不同句法结构所产生的歧义。若句子的两个意思对应的句法结构完全相同，其韵律模式也将完全一样，那么我们便无法消除此类句子的歧义。这便是句法说的观点。上文对于理论上消歧的韵律手段的预测结果，似乎和 Lehiste 所说的观点相符合，除了个别歧义句如多音字能歧义通过声调消歧，基本上能够消解歧义的都是句法结构不同的句子，而对于句法结构相同的歧义句，理论上来说都没有可以消歧的韵律手段。我们可以将句法说的观点概括为，一个句子的句法结构和韵律结构之间是一一对应的关系，句法成分的两个端点亦为韵律成分的两个端点，即句法成分的边界在很大程度上决定了一个句子的韵律模式。

Lehiste（1973）曾做过一项实验，请 30 位受试人解释重复数次的 15 个带有歧义的英语句子，并从每个句子的多个解释中选择所认为合适的答案。如下面的例子所示：

The shooting of the hunters was terrible.

i. The hunters shot badly. （猎人疯狂射击。）

ii. The hunters were shot. （猎人被击中了。）

受试人在听到句子后需要在上述的两个意义选项中选出认为正确的答案。通过统计答案，最终 Lehiste 得出结论，被成功消解歧义的句子正是那些意义差别与成分结构差异互为关联的句子，即上面所说的句子的两个含义对应了不同的句法成分。而那些未能消除歧义的句子则仅有一种句法结构。Lehiste 认为，能够通过韵律线索消解歧义的句子往往是两种含义所对应的句法结构差异非常明显的句子。句法说的观点似乎也可以解释大部分词汇歧义或语义歧义无法通过韵律手段消歧的原因在于它们的句法结构差异不大，或者两种含义对应的句法结构是相同的，因此无法被消解。

2. 韵律说

与句法说的观点不同，韵律说认为，一个句子的韵律结构只是间接地由句法结构决定，韵律和句法之间并不存在一一对应的关系。Nespor 和 Vogel（1983）提出，可以消除歧义的句子是那些不同意义对应于不同韵律结构的句子，而并非如句法说所说的能够消解歧义的句子是句法结构不同的句子。韵律说认为那些意义不同但韵律结构相同的句子无论句法结构如何，歧义都无法被消除。

Nespor 和 Vogel（2007）对 Lehiste 实验结果的可靠性产生了怀疑，从而对他通过实验得到的结论进行了反驳。他们指出，Lehiste 用于实验测试的句子在含义上存在选择偏好。例如下面这两例：

a. The feeding of the tigers was expensive.

i. The tigers were fed. （老虎喂完了。）

ii. The tigers did the feeding. （老虎自己吃完了。）

b. The screaming of the victims was terrible.

i. The victims screamed. （受害人尖叫。）

ii. Somebody screamed 'the victims'. （有人在尖叫着"受害人"。）

在上述例句的两种解释里，给出的第一个解释比较符合常理，因而对于受试来说，多数人会因为常理选择第一个答案。所以这样的例子严格意义上来说并不是真正的歧义句，受试人在听到句子后往往会自动过滤掉不符合常理的意义，这样测试结果就不可避免会包含受试明显的选择偏好，并不能完全从句子本身看出消歧的能力。因此，Nespor 和 Vogel 认为这些句子不能算作真正的歧义句，其反映出的结果是语义上的考量，与句法或韵律结构都无关。Nespor 和 Vogel（1986，2007）提出，在韵律音系学的理论框架中，句法和韵律结构之间的差异是音系部分内部组构的基本动因之一，决定句子韵律模式的是音系结构或韵律成分。因而韵律说认为那些能够从语言学角度消除歧义的句子是不同韵律结构对应不同意义的句子。通俗来说，歧义之所以可以被消除，是因为歧义句的韵律结构不同。

三、Nespor 和 Vogel 的消歧实验

（一）消歧假说

Lehiste（1973）提到，歧义句的句法结构在两个维度上表现出了不同，一是句法成分结构，二是句法标注。句法成分按照语言的规则有层次地组织起来，各成分之间形成了各种直接或间接的关系，例如，主语和谓语形成了主谓关系，述语和宾语形成了述宾关系，等等。而句法标注便是指将这些句法关系标注出来，将句子成分间各种直接或间接的关系厘清，因此，狭义上的句法标注指的就是标注句法关系。但从广义上来说，句法标注还包括标注句子的语义关系。句法关系和语义关系共同构成了句法的二重性。

基于此，Nespor 和 Vogel（2007）提出了韵律结构的概念。就歧义句的韵律结构而言，他们认为韵律结构也存在两个维度，分别为音系短语和语调短语，并且就句法结构和韵律结构两个维度之间的关系列出了表 5－2 和表 5－3 的组合情况。

表 5－2　句法成分结构和句法标注的四种组合

		句法成分结构	
		相同	不同
句法标注	相同	a	b
	不同	c	d

对于歧义句的两种不同意义来说，句法结构存在如表 5－2 所示的四种组合情况，分别为：a. 句法成分结构和句法标注都相同；b. 句法成分结构不同，句法标注相同；c. 句法成分结构相同，句法标注不同；d. 句法成分

结构和句法标注都不同。

表 5-3　音系短语和语调短语的四种组合

		音系短语	
		相同	不同
语调短语	相同	a	b
	不同	c	d

　　歧义句的两种不同理解，在韵律结构方面所表现出的情况如表 5-3 所示，也存在四种不同的情况，分别为：a. 音系短语和语调短语都相同；b. 音系短语不同，语调短语相同；c. 音系短语相同，语调短语不同；d. 音系短语和语调短语都不同。

　　Nespor 和 Vogel（2007）认为，由于句法和韵律两个维度并非彼此完全独立，韵律结构间接构建于句法结构之上。具体表现为，当一个歧义句所对应两个意义的句法结构完全相同时，其韵律结构也必然相同。此外，韵律结构主要受到句法成分的影响，当句法成分相同时，即使句法标注不同，两种意义的韵律结构也是相同的。因此，与歧义句的两个不同解释相对应的句法结构和韵律结构之间应该存在 10 种可能的关系（见表 5-4）。

表 5-4　歧义句的句法结构与韵律结构之间的关系

			句法层面			
			成分结构相同		成分结构不同	
			句法标注相同	句法标注不同	句法标注相同	句法标注不同
韵律层面	音系短语相同	语调短语相同	1	2	3	4
		语调短语不同			5	6
	音系短语不同	语调短语相同			7	8
		语调短语不同			9	10

　　根据句法说的观点，在歧义消解方面有两种结果：一种是句法结构不同，此时歧义可以被消解；另一种结果是句法结构相同，此时歧义无法被

消解。歧义的消解与否完全取决于句法结构的异同。然而根据韵律说的观点，则存在更多的可能性。基于表5-4中的10种句法结构和韵律结构之间的关系，Nespor 和 Vogel（2007）提出了歧义消解的假说①：

  i. 对于歧义的两种意义来说，音系短语和语调短语的结构完全相同，即使它们的句法结构不同，这些句子均未见歧义消除。

  ii. 对于两种意义来说，音系短语和语调短语结构都不相同时，歧义最容易消除。

  iii. 对于两种意义来说，语调短语的结构不同（音系短语的结构相同）比音系短语的结构不同（语调短语的结构相同）更容易消解歧义。

（二）消歧测试与结果

Nespor 和 Vogel 的消歧测试受试对象为36位意大利语母语者，测试内容包含了78个歧义句，共囊括了上面提到的10种类型。他们将这78个歧义句做成了两个录音版本，每个录音版本各包含了歧义句两种含义的其中之一。为了确保录音者在录音中录入的句子能表达目标意思，每个歧义句前都会加上一个非歧义句，用来引导录音者，让录音者能够读出与歧义句目标含义一致的意思。如下面的两套录音试题：

> 试题一
> 引导句：Marco ha guardato la ragazza col neo grande.
>   "Marco looked at the girl with the large mole."（马尔科看着那个带大鼹鼠的女孩。）
> 目标句：Marco ha guardato la ragazza col canocchiale.
>   "Marco looked at the girl with the binoculars."（马尔科看着那个带双筒望远镜的女孩。）

---

① Nespor 和 Vogel 的消歧解说还有一点，即对于两种意义仅表现为主题关系不同的句子，无法消除歧义。在实验中，他们增加了这一类型，即两个释义之间唯一的差别在于主题关系层面的不同，从而证明此类关系从韵律角度来说不显著，题元角色对一个句子的韵律不产生影响。由于根据这一点无法对两种学说进行区分，而本书实验的目的是验证句法说和韵律说的正确性，为了发现歧义能够被消解的依据，因此不将主题关系不同的例子纳入实验中。

试题二

引导句：Marco ha guardato la ragazza con interesse.

"Marco looked at the girl with interest." （马尔科饶有兴趣地看着那个女孩。）

目标句：Marco ha guardato la ragazza col canocchiale.

"Marco looked at the girl with the binoculars." （马尔科用双筒望远镜看着那个女孩。）

在上述两套试题中，目标句"Marco looked at the girl with the binoculars."为歧义句。目标句前设置了引导句，引导句的句型结构与目标句一致，但并不带有歧义。通过引导句的引导作用，录音者能够读出目标含义。

接下来，受试者拿到的答题纸也有两个版本，他们可以看到每个歧义句的两种含义。但两个版本中两种含义的排列顺序是不同的，打乱排列顺序是为了让受试者不会始终选择第一种含义或第二种含义，不会受到顺序排列的定势影响。每个句子播放两遍录音，受试者听到录音后先思考意义，然后在两种解释中选择认为最符合录音内容的答案。全程根据"快速自然"的标准来做选择，即尽量凭借语感，不花过多的时间去反复思考。如果实在无法选出认为合适的答案，则可以在问题旁边写上一个"A"，表示无法确定意义。

最终的测试结果证实了上述的消歧假说是成立的，即韵律结构相同的歧义句基本上是无法被消解歧义的，即使它们的句法结构不同。所以歧义句能否消歧，取决于句子的两种意义在韵律层面是否存在差异。其中在语调短语层面不同的句子，消歧程度最高；只是音系短语不同的句子，消歧程度略低；而那些在音系短语和语调短语两个维度上完全一样的句子，不论它们的句法结构如何，歧义都无法得到消解。

四、小结

我们通过预测的方式，将歧义类型与歧义消解的韵律手段联系在一起，得到的预测结果显示，从理论上来说，部分歧义句是可以通过韵律手段得以消歧的，如利用停顿、重音改变等方式。此外，在语音、词汇、句法、语义和语用5类歧义中，从理论上来说，能够消除歧义的句子主要集中在句法歧义这一类型中。这使得我们不得不思考这样的问题：句法结构差异是否是歧义能够被消除的前提条件？在词汇歧义、语义歧义中，几乎没有能够被预测消除歧义的句子，因为它们的差异主要体现在词义、语义层面，歧义的两种含义在句法结构上不存在差别，所以从理论上来说，这样的歧义无法得到消解。而预测得到的结果在现实语流中是否成立？当说话人说出句法结构存在差异的歧义句时，听话人是否就可以明确说话人要表达的意思，不会产生歧义？这需要我们通过实验来进一步验证。西方学者们在对句子的句法结构和韵律结构研究的过程中，在不同阶段出现了不同的声音，也让我们看到句法结构和韵律结构之间既存在一致性的情况，也存在差异性的情况。句法说和韵律说观点的提出，也佐证了我们通过预测得到的消解结果是可能存在的这一观点。句法说的观点认为，句子的句法结构与韵律结构之间是一一对应的，句法决定韵律，对于歧义句而言，句法结构存在差异的句子能够消除歧义。这一观点似乎印证了我们从理论上预测得到的歧义类型与韵律消歧之间的关系。但韵律说的观点与此不同。韵律说认为，韵律和句法之间并不存在一一对应的关系。对于歧义句来说，若是两种含义对应的韵律结果相同，无论句法结构相同与否，句子的歧义都可以得到消解；同理，若是句法结构不同，而韵律结构相同，则句子仍然无法消除歧义。Lehiste（1973）的消歧实验证实了句法说存在的合理性，而Nespor 和 Vogel（2007）的实验则证实了韵律说的正确性。两个实验分别以英语和意大利语作为实验语言。英语与意大利语无论是在歧义类型上，还是在歧义句的句法结构与韵律结构层面，都与汉语存在较大的差异。那么在汉语中，句子的歧义能够得到消解，到底是因为句法结构存在差异，还是因为韵律结构存在差异？对此，我们需要通过以汉语歧义句为对象的实验来观察消歧结果，并对消歧根源展开讨论。

第六章　汉语韵律消歧的实验研究

一、汉语的句法结构与韵律结构

根据 Nespor 和 Vogel（2007）所做的消解歧义的实验，句法结构和韵律结构层面共有 4 个维度，句法结构层面包括句法成分和句法标注，韵律结构层面包括音系短语和语调短语。我们接下来要探讨在汉语中这 4 个维度是如何具体表现的。

首先我们来看何为汉语的句法结构。赵元任成书于 1948 年的《国语入门》，应该是迄今为止最早用"结构"一词来描述汉语造句法的，书中提出了 5 种"结构"，包括主谓结构、并列结构、向心结构、动词宾语结构以及连动式。后来丁声树（1961）提出汉语的句法结构包括 6 种，分别是主谓结构、并列结构、主从结构、动宾结构、连动式和动补结构。朱德熙（1982）在前者的基础上又进一步对汉语的句法结构做出了调整，他认为"句法结构可以很长很复杂。因为结构的基本类型虽然很有限，可是每一种结构都可以包孕与它自身同类型或不同类型的结构。这些被包孕的结构本身又可以包孕与它自己同类型的或不同类型的结构。这样一层套一层，结构也就越来越复杂了"。这段话体现出汉语句法结构递归性的特点。在这样复杂的句法结构中，句法成分是承担结构关系的重要组成部分。句法结构由于是句法形式和语义内容的结合体，因而除了承担句法关系的句法成分外，还包括承担语义关系的语义成分。句法成分和语义成分共同体现了句法结构的双重属性。所以本书所说的句法成分，依赖于不同的句法关系，主要包括主语、谓语、宾语、定语、状语、补语这几种。当然，其中各种成分的构成也并不是单一的，例如，主语可以是名词，也可以是动词，还可以是各种短语，如主谓关系短语或动宾关系短语。

根据 Nespor 和 Vogel（1986）对音系短语的定义，音系短语的范域由一个包含实词中心语（X）的附着语素组和位于非递归侧的所有附着语素组直至 X 的最大投射外所含的另一个中心语的附着语素组构成。同时，音系短语是利用形态句法概念在映射原则基础上建立起来的韵律层级单位，它由从韵律词开始一直到句法短语中心的所有成分组成（张洪明，2014）。也就是说，音系短语的作用域参考了句法成分的基本顺序。一旦我们确定了递归方向，就能清楚地知道音系短语是在其相反的方向建立的。汉语是右分叉语言，"主语＋谓语＋宾语"即 SVO 的顺序构成了句子的主要结构。也可以说，汉语是向右嵌入句子的语言。在汉语中，音系短语的作用域包含短语的中心成分和同一个短语内位于中心成分前面的任何部分，即短语中心语最大投射的左边界（李凤杰，2012）。例如，下面两例中对音系短语的划分为：

> 这种果子很甜。
> ［这种果子］φ ［很甜］φ

> 茂密的枝条一层又一层地垂了下来。
> ［茂密的枝条］φ ［一层又一层地垂了下来］φ

语调短语为包含语调曲拱的一串口头材料（Pierrehumbert，1980）。它相当于语法上较短的句子或较长的短语，有相对完整的语调和韵律结构，往往有停顿和边界语调标志。张洪明（2014）提到，有些类型的结构自己组成语调短语，包括插入语、呼语、反问句、前置成分等。在具体如何划分语调短语的问题上，学界有不同的声音。总体上来说，划分语调短语关乎语义、语用层面因素的影响。例如，在语速不同的情况下，语调短语的切分便会不同，如下面的句子：

> 外面世界的气息也是从那里进入封闭的、同时也是令人窒息的房间。
> i. 语速很快时，可以将整个句子看作一个语调短语。
> ii. 语速中等时，在顿号处停顿，此时出现两个语调短语，即：
> ［外面世界的气息也是从那里进入封闭的］I ［同时也是令人窒息的房间］I
> iii. 语速较慢时，可以强调每个部分的信息，此时可以划分出四个语调短语：
> ［外面世界的气息］I ［也是从那里］I ［进入封闭的］I ［同时也是令人窒息的房间］I
> （［ ］I 表示语调短语）

通过观察上面例子对语调短语的划分，我们可以说，语速越快，语调短语可能会越长；语速越慢，划分为多个语调短语的可能性就越大。为了尽可能避免语调短语划分的不确定性，本书所有用于实验的句子均用中等正常语速去读，并基于这样的语速来进行语调短语的划分。

二、汉语歧义句句法和韵律的关系

（一）汉语歧义句句法 – 韵律的关系类型

Nespor 和 Vogel（2007）提出，由于句法和韵律两个维度并非彼此完全独立，当一个歧义句两种含义的句法成分结构完全相同时，其韵律结构也必然相同。因此，与歧义句的两种不同含义相对应的句法和韵律结构之间应该存在 10 种可能的关系，如表 5 – 4 所示。

然而在对汉语歧义句的分析整理中，我们发现汉语和意大利语不同。例如在汉语中，不存在句法成分不同，但句法标注相同的情况，因此，意大利语中属于句法成分不同、句法标注相同关系类型下的 4 种类型在汉语中并不存在，句法结构和韵律结构之间只存在表 5 – 4 中的第 1 种、第 2 种、第 4 种、第 6 种、第 8 种、第 10 种共 6 种逻辑关系。本章将这 6 种逻辑关系重新整理，见表 6 – 1。其中，" + "表示歧义句的两种含义在该维度上表现相同，" – "则表示不同。

表 6 – 1　汉语歧义句句法 – 韵律的关系类型

	句法成分	句法标注	音系短语	语调短语
1	+	+	+	+
2	+	–	+	+
3	–	–	+	+
4	–	–	+	–
5	–	–	–	+
6	–	–	–	–

以下分别是与 6 种句法 – 韵律关系相吻合的例子：

1. 句法成分 +，句法标注 +，音系短语 +，语调短语 +

他走了一个钟头了。

　　　　a. 他离开了一个钟头了。

　　　　b. 他走路走了一个钟头了。

句法成分：他（主语）走了（谓语）一个钟头了（补语）

句法标注：[他 [走了一个钟头了]动补结构]主谓结构

音系短语：[他] [走了] [一个钟头了]

语调短语：[他] [走了一个钟头了]

2. 句法成分＋，句法标注－，音系短语＋，语调短语＋

　　我们父母多么不容易啊。

　　　　a. 我们即父母

　　　　b. 我们的父母

句法成分：我们父母（主语）多么（状语）不容易啊（谓语）

句法标注：

　　　　a. [[我们父母]偏正结构] 多么不容易啊]主谓结构

　　　　b. [[我们父母]同位结构] 多么不容易啊]主谓结构

音系短语：[我们父母] [多么不容易啊]

语调短语：[我们父母] [多么不容易啊]

3. 句法成分－，句法标注－，音系短语＋，语调短语＋

　　这辆车没有锁。

　　　　a. 锁是名词

　　　　b. 锁是动词

句法成分：

　　　　a. 这辆车（主语）没有（谓语）锁（宾语）

　　　　b. 这辆车（主语）没有锁（谓语）

句法标注：

　　　　a. [这辆车 [没有锁]动宾结构]主谓结构

　　　　b. [这辆车 [没有锁]状中结构]主谓结构

音系短语：[这辆车] [没有锁]

语调短语：[这辆车没有锁]

4. **句法成分 −，句法标注 −，音系短语 +，语调短语 −**

　　我知道你回来很开心。
　　a. 我知道的内容是"你回来很开心"
　　b. 当我知道你回来了，我很开心
句法成分：
　　a. 我（主语）知道（谓语）你回来很开心（宾语）
　　b. 我（主语）知道（谓语$_1$）你回来（宾语）很开心（谓语$_2$）
句法标注：
　　a. ［［我知道］_{主谓短语}［你回来很开心］_{主谓短语}］_{动宾短语}
　　b. ［［我［知道你回来］_{动宾短语}］_{主谓短语}很开心］_{连谓短语}
音系短语：［我］［知道］［你回来］［很开心］
语调短语：
　　a. ［我知道］［你回来很开心］
　　b. ［我知道你回来］［很开心］

5. **句法成分 −，句法标注 −，音系短语 −，语调短语 +**

　　（这份报告）我写不好。
　　a. 不应该叫我来写（他来写更好）
　　b. 我水平有限，无法写好
句法成分：
　　a. （这份报告）我写（主语）不好（谓语）
　　b. （这份报告）我（主语）写（谓语）不好（补语）
句法标注：
　　a. ［［我写］_{主谓短语}不好］_{主谓短语}
　　b. ［我［写不好］_{述补短语}］_{主谓短语}
音系短语：
　　a. ［这份报告］［我写］［不好］
　　b. ［这份报告］［我］［写不好］
语调短语：［这份报告］［我写不好］

6. 句法成分 - ，句法标注 - ，音系短语 - ，语调短语 -

他批评你做得不对。

　　a. 他批评的是"你做得不对"

　　b. 他批评了你，这件事他做得不对

句法成分：

　　a. 他（主语）批评（谓语）你做得不对（宾语）

　　b. 他批评你（主语）做得不对（谓语）

句法标注：

　　a. ［他［批评你做得不对］动宾结构］主谓结构

　　b. ［［他批评你］主谓结构做得不对］主谓结构

音系短语：

　　a. ［他］［批评］［你做得不对］

　　b. ［他］［批评你］［做得不对］

语调短语：

　　a. ［他批评］［你做得不对］

　　b. ［他批评你］［做得不对］

　　上述 6 种情况体现了汉语中句法结构和韵律结构之间的关系类型，这 6 例的序号分别对应句法结构和韵律结构之间的 6 种关系。每一个例句都包括两种释义，并且句法成分、句法标注、音系短语和语调短语这 4 个维度中任何一个维度的不同都在例句下方有所体现。

　　根据第五章 Nespor 和 Vogel（2007）消解歧义的假说，我们得知句法说的观点认为如果歧义句两种不同含义所对应的句法结构不同，则歧义可以得到消解；而韵律说则认为，对应于两种含义的韵律结构不同，句子歧义可以消解。这两种学说关于消解歧义的观点截然不同。在汉语中，到底哪种类型的歧义可以被消解？在第五章我们从理论上预测分析了汉语歧义能够被消解的类型，发现歧义句两种含义分别对应的句法结构存在差异，即句法歧义这种类型的，歧义更容易被消解。但这只是我们根据引起歧义的原因所做出的理论上的一种推测。在实际语流中，能够消解歧义的句子需满足什么条件？不同的歧义类型分别对应了哪种句法与韵律的关系？预测中最容易被消除歧义的句法歧义类型符合哪一种逻辑关系？接下来，我们将进一步进行分析。

（二）不同类型歧义句的句法 - 韵律表现

在第四章我们对汉语歧义类型做了细致的梳理，得到 5 种类别汉语歧义——语音歧义、词汇歧义、句法歧义、语义歧义和语用歧义。5 种类别又包括不同的类型，具体涉及 28 种歧义小类。那么，在这一章我们希望解答下面这些问题：对于 28 种歧义小类来说，句法结构和韵律结构分别是怎样的关系？5 种类型下不同的歧义小类是否对应了某种句法韵律的逻辑关系？其中是否有特定的规律？

1. 语音歧义的句法 - 韵律表现

首先，我们来看语音歧义。在语音歧义这一类型中，歧义的两种含义所对应的句法结构的两个维度，即句法成分和句法标注都是一致的。例如"这是一本 xīn wén xué（新闻学/新文学）的书"与"全场只有他有 lǐ mào（礼貌/礼帽）"这两例，同样的语音形式对应了不同的词汇及意义，但并未因此改变句子的成分划分与结构关系，所以从句法结构层面上来说，是一致的。再看韵律结构层面，在句法成分和句法标注一致的情况下，句子的音系短语和语调短语也必然一致。因此，语音歧义对应 6 种句法 - 韵律逻辑关系中的第 1 种，句子的两种含义在句法结构和韵律结构方面都是一致的。

2. 词汇歧义的句法 - 韵律表现

再来看词汇歧义，第一种情况是同音同形不同义。"他走了一个多钟头了"和"我们两个人挺好的"这两个例子，前者"走"的含义不同，但两个意义对应的句法结构是相同的，句法成分和句法标注都一致。在韵律结构层面，音系短语和语调短语也是一致的。后者无论意义是"我们两个人身体或其他状态很好"，还是"我们的关系很好"，"我们两个人"都是主语，句子的音系短语、语调短语划分相同。因而这类词汇歧义属于句法结构和韵律结构逻辑关系中的第 1 种关系，即句法成分和句法标记相同，音系短语和语调短语相同。同音同形不同义的另一种情况是词义引申引发的歧义，例如"门槛实在太高了"。这种情况下句子两种意思所对应的句法结构和韵律结构都是相同的。词汇歧义的第二种情况是同形不同音，是由多音字引发的歧义现象。例如"他在办公室看材料"和"他俩同行"这两个例子，前者是"看"存在两种音，无论是读"kān"还是"kàn"，都是作动词，句子的句法结构和韵律结构都不变；再看后面一个例子，存在"xíng"和"háng"的区别，两种情况下"同行"都作谓语，并且"他俩同形"都是主谓结构，从构词特点上来看，"同行"的两种理解都是偏正构词，所以这个例子的两种理解在句法结构和韵律结构上仍然是一致的，属于逻辑关系的第 1 种。所以词汇歧义也同样只对应了逻辑关系中的第 1 种关系。

3. 句法歧义的句法 - 韵律表现

句法歧义大类下分出了 8 个小类，我们对这 8 个小类一一进行分析。

（1）并列名词短语歧义。

该类歧义主要是由于切分存在多种可能性。"主要的领导和记者都来了"这个例子中主语可以是"主要的领导/和记者"，也可以是"主要的/领导和记者"，主语一致但内部切分不同，因而在句法标记上就存在差别。韵律结构层面音系短语的划分都是［主要的领导和记者］［都来了］，音系短语和语调短语都一致，这也从某种程度上说明了韵律结构间接受到句法结构的制约。这类歧义符合句法结构和韵律结构逻辑关系的第 2 种，句法成分一致，句法标注不同，音系短语和语调短语都相同。

（2）数量短语歧义。

如"今天来了三个学校的老师"，从句法结构来看，无论意思是"三个老师"还是"三个学校"，宾语都是一样的"三个学校的老师"，但句法标注有区别，"三个/学校的老师"和"三个学校的/老师"偏正短语的构成不同。该例的两个意思在韵律结构上是相同的，音系短语都为［今天来了］［三个学校的老师］。所以对于数量短语歧义来说，也属于逻辑关系中的第 2 种，和并列名词短语所属关系类别相同。

（3）多个定语歧义。

这类歧义也是层次切分的问题。例如"大红皮箱拿来了"，主语都是"大红皮箱"，两种含义的句法成分一致，但句法标注不同，音系短语和语调短语都是相同的。这和上面两类句法歧义一样，都属于逻辑关系的第 2 种。

（4）介词歧义。

如"这是为了孩子的母亲"和"在这儿洗干净"。先看前一例，中心语可以是"为了孩子的母亲"，也可以是"孩子的母亲"。歧义引发的原因还是层次切分的问题，可分为"为了孩子的/母亲"和"为了/孩子的母亲"。因而在句法结构层面，句法成分和句法标注都不同，音系短语却相同，都为［这是］［为了孩子的母亲］，语调短语也相同。再看后一例，"在这儿洗/干净"和"在这儿/洗干净"的切分层次差异使得两种含义的句法成分完全不同：前者"在这儿洗"作主语，"干净"是形容词作谓语；后者"在这儿"作状语。韵律结构方面，前一种意义的音系短语划分为［在这儿洗］［干净］，后一种意义的音系短语划分为［在这儿］［洗干净］，音系短语是不同的，语调短语一致。所以这两例不同的介词歧义分别属于逻辑关系中的第 3 种和第 5 种。

（5）指示代词歧义。

如"棉花这么软"，两种理解一为主谓结构"棉花/这么软"，"棉花"作主语，一为状中结构"棉花这么/软"，句法成分和句法标注都不同。韵律结构方面，音系短语一个为［棉花］［这么软］，一个为［棉花这么］［软］，语调短语一致，所以这类代词歧义属于句法韵律逻辑关系的第 5 种。

（6）同位结构歧义。

"你们老师工作很辛苦"这个例子中两种意义的主语相同，都是"你们老师"，后面"工作很辛苦"作谓语，但句法标注不同，"你们老师"可能是偏正短语，也可能是同位短语。在韵律结构方面，音系短语都为［你们老师］［工作很辛苦］，语调短语也一致，所以此类同位结构歧义属于逻辑关系中的第 2 种。

（7）述宾结构歧义。

述宾结构歧义的情况比较复杂。其中第一种情况的宾语为名词或名词性短语，如"帮助她的学生很开心"。"帮助她的学生"中"学生"作主语时，"很开心"作谓语；此外，"她的学生"还可以充当宾语，因而句法成分不一致。在句法标注上"帮助她的"和"学生"形成偏正结构，或是"帮助"和"她的学生"形成动宾结构，句法标注不同。音系短语是不同的，分别为［帮助她的学生］［很开心］和［帮助］［她的学生］［很开心］。语调短语一致，都为［帮助她的学生］［很开心］。因而此例属于逻辑关系的第 5 种。再看"你别撕破衣服"，两种理解的句法成分是不一致的。"别撕破"作谓语时，"衣服"作宾语；"别撕"作谓语时，"破衣服"作宾语，句法标注也不同。音系短语分别为［你］［别撕破］［衣服］，以及［你］［别撕］［破衣服］。语调短语是一致的，都为［你别撕破衣服］。所以这例述宾结构歧义属于逻辑关系的第 5 种。再看当宾语为非名词或名词短语的情况，如"我讲不清楚"，主语是"我"或者是"我讲"，句法成分不同，句法标注也不同，一为"我/讲不清楚"，一为"我讲/不清楚"。音系短语分别是［我］［讲不清楚］和［我讲］［不清楚］。此时，语调短语和音系短语一样，是不同的。因此，这类属于逻辑关系中的第 6 种。再看"我们要讨论决定"，从述宾短语"讨论决定"来看，宾语是动词，同类的还有"指导宣传""分析总结"等，两种含义的句法成分是不相同的。"讨论"作谓语时，"决定"作宾语，也可以是"讨论决定"作谓语。受句法成分不同的影响，句法标注也不同，音系短语和语调短语都相同。因而这类歧义属于句法结构和韵律结构逻辑关系中的第 3 种。再来看宾语为主谓结构的例子——"我知道你回来很开心",理解一的主语是"我",谓语是"知道"宾语为主谓结构"你回来很开心";理解二为连谓短语,因此,句法成分和句法标注都不同。音系短语都为[我][知道][你回来][很开心],但语调短语是不相同的,分别为[我知道][你回来很开心]和[我知道你回来][很开心]。所以此例属于逻辑关系中的第4种情况。

综上,述宾结构歧义有不同的情况,每种情况下对应的句法-韵律关系又不同。通过分析,我们认为述宾结构歧义共有4种不同的句法-韵律关系表现,分别为上文提到的逻辑关系中的第3、第4、第5和第6种。因此要针对不同的宾语来具体看到底对应于哪一种逻辑关系。

(8)兼类词歧义。

在"他爬过山没有?"这个例句中,"过"的兼类情况导致了句子的歧义。无论"过"是动词还是介词,两种理解对应的句法成分都是一致的,但句法标注不同,音系短语和语调短语一致,因而此例属于逻辑关系的第2种。兼类词歧义也有不同的情况,"你给我看看"中的"给"为兼类词,此例的两种理解对应的句法成分不一致:"你给我"可以被理解为主谓宾,"给"是"你"的谓语,也可以是"看看"作"你"的谓语。句法标注也是不同的,音系短语和语调短语一致,因而此例属于第3种逻辑关系。再如"肯定工作是要做的",在这例中句法成分不同,主语分别为"工作"和"肯定工作"。由于"肯定"分别作动词和副词的用法,作动词时用来修饰"工作",因而句法标注也不同。音系短语分别为[肯定][工作][是要做的]和[肯定工作][是要做的],语调短语都为[肯定工作是要做的]。因而此例的逻辑关系为第5种。又如"他背着妈妈和妹妹去了以前的学校",在"背"都读第四声的情况下,由于"和"的词性不同,两种理解对应的句法成分和句法标注都不同。音系短语分别为[他][背着][妈妈和妹妹][去了][以前的学校],以及[他][背着妈妈][和妹妹][去了][以前的学校]。语调短语也不同,分别为[他背着妈妈和妹妹][去了以前的学校]和[他背着妈妈][和妹妹去了以前的学校]。此例属于逻辑关系的第6种情况。因此,兼类词歧义也有不同的句法-韵律关系,主要为上述6种关系中的第2、第3、第5及第6种。

综上所述,句法歧义共有8个小类,每种小类中又有不同的情况,因此对应的句法-韵律关系也较为丰富,主要涉及表6-1中的第2种、第3种、第4种、第5种、第6种逻辑关系。也就是说,即除了第1种在韵律结构和句法结构上4个维度都相同的情况外,其他5种句法-韵律关系中都有句法歧义。

4. 语义歧义的句法–韵律表现

（1）代词类歧义。

代词指代不明如"小张看见小王正在和他的朋友聊天"，代词省略引发的歧义如"我看到你那年才8岁"，代词虚实不同引发的歧义如"你看什么？"。代词指代不明的歧义，如例子中所示歧义原因在于"他的朋友"不知道"他"是指代小张还是小王，无论是指代谁，在句法结构上句法成分和句法标注都是一样的，音系短语和语调短语也相同。因而指代不明这一类型所属的句法–韵律逻辑关系为第1种。在代词省略歧义中，我们无法确定"我看到你那年"是"我"8岁还是"你"8岁，两种理解所对应的句法结构层面和韵律结构层面也都是相同的，仍然属于第1种逻辑关系。再看一例和代词省略有关的歧义句"老张有个女儿很骄傲"，我们不知道很骄傲的是"他"还是"她"。这例和上一例有不同的情况，两种理解对应的句法成分和句法标记都是不同的："老张有个女儿"可能是主语，此时"骄傲"作谓语；当"老张"作主语时，"有个女儿很骄傲"作谓语。音系短语相同，都为［老张］［有］［个女儿］［很骄傲］。语调短语也相同，为［老张有个女儿很骄傲］，属于第3种逻辑关系。因而代词省略这一类型所属的句法–韵律逻辑关系为第1种和第3种。再看代词虚实不同引发的歧义，"你看什么？"，"什么"可以实指什么东西，也可以虚指，表示不满的情绪。在句法结构和韵律结构上4个维度也是相同的，因而此例属于逻辑关系的第1种。

（2）指向类歧义。

指向方面的歧义包括"来""去"的指向歧义，如"他派人去了"；状语的指向歧义，如"他们一个接一个把球投出去"；补语的指向歧义，如"他问老张问急了"。对于"来""去"指向歧义，"派人去了"可充当谓语成分，也可以是"派人"是谓语，"去了"作补语，句法标记也不同，"派人去了"是兼语结构或动补结构。在音系短语的划分上也是不一致的，分别为［他］［派人］［去了］和［他］［派人去了］。语调短语的划分上是一致的，属于第1种逻辑关系。所以该例属于第5种逻辑关系。在状语指向歧义的例子中，不明确"一个接一个"是指人还是球，但两种理解在句法结构和韵律结构上都是一致的。补语的指向歧义也是如此，指向的不明确不影响句法成分和音系短语的一致性，因此属于第1种逻辑关系。同样的还有否定式比较结构歧义，如"这里不是广州，到处都有熟人"，分析4个维度发现它仍然属于第1种逻辑关系。因而综合上面的例子，在语义指向歧义方面，除了个别例子属于第5种逻辑关系外，其他都是第1种逻辑关系。

（3）语义关系类歧义。

语义关系引发的歧义包括"的"字歧义，如"老王的鞋做得好"；施受不明确歧义，如"他去上课了"。这两种歧义的理解在句法结构上，无论是句法成分还是句法标记都是相同的，因而音系短语和语调短语也是相同的，属于第1种逻辑关系。

（4）语义特征类歧义。

如"挂了两天的画"由"挂"所带有的语义特征不同引发歧义；"她借我一本书"因"借"的语义特征不明引发歧义；"我让他说了几句"由于"让"带有使动义和被动义而产生歧义；"我去图书馆借两本书"，"两本书"是泛指还是确指的不同的不同而产生歧义，以及"芒果熟了一点"，"熟了一点"是表示变化还是表示和预期目标的偏离而产生歧义。我们看这些类型的歧义用例，发现它们的不同理解在句法结构上都是一致的，韵律结构也保持一致，因而都属于第1种逻辑关系。

综上，语义歧义以第1种句法－韵律逻辑关系为主，个别例子呈现第3种和第5种句法－韵律逻辑关系。

上述整理了语音歧义、词汇歧义、句法歧义和语义歧义中各种具体类型歧义所属的句法韵律上的逻辑关系。两种语用歧义，一种来自语音、词汇、句法和语义的歧义；另一种要依靠语境来判断具体想要表达的含义，如"爸爸我爱你"，虽然背后的含义不同，但对应的句法结构和韵律结构一定是相同的。所以综合上面的分析与整理，得出图6－1。以下我们将6种句法－韵律关系简称为关系1、关系2、关系3、关系4、关系5和关系6。

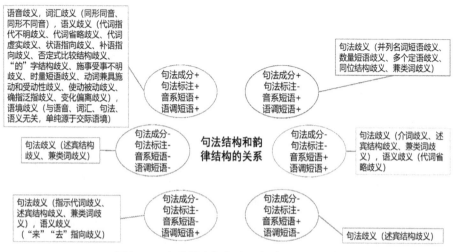

图6－1　各类歧义与句法－韵律关系的对应

通过图 6-1 我们看到，语音歧义、词汇歧义和大部分的语义歧义都属于句法-韵律逻辑关系中的第 1 种关系，即句子两种含义所对应的 4 个维度都是相同的，个别语义歧义对应了句法-韵律逻辑关系的第 3 种和第 5 种。这两种逻辑关系的具体表现为句法结构层面不同，但在韵律结构中的语调短语上都是相同的。从图 6-1 中我们得知每种句法-韵律的关系表现都与某些特定的歧义类型相对应。再看表 6-2，可以更清楚地看到各大类型歧义在 6 种句法-韵律关系中的分布情况。

表 6-2　5 类歧义句法-韵律关系的分布

歧义类型	句法-韵律表现	关系类型
语音歧义	句法成分 +，句法标注 +，音系短语 +，语调短语 +	关系 1
词汇歧义	句法成分 +，句法标注 +，音系短语 +，语调短语 +	关系 1
句法歧义	句法成分 +，句法标注 -，音系短语 +，语调短语 +	关系 2
	句法成分 -，句法标注 +，音系短语 +，语调短语 +	关系 3
	句法成分 -，句法标注 -，音系短语 +，语调短语 -	关系 4
	句法成分 -，句法标注 -，音系短语 -，语调短语 +	关系 5
	句法成分 -，句法标注 -，音系短语 -，语调短语 -	关系 6
语义歧义	句法成分 +，句法标注 +，音系短语 +，语调短语 +	关系 1
	句法成分 -，句法标注 -，音系短语 +，语调短语 +	关系 3
	句法成分 -，句法标注 -，音系短语 -，语调短语 +	关系 5
语境歧义	句法成分 +，句法标注 +，音系短语 +，语调短语 +	关系 1

注：此表中语境歧义根源不在语音、词汇、句法、语义，是单纯源于语境差异而意义不同。

从表 6-2 我们可以清楚看到，句法歧义在句法-韵律的关系表现上分布最为广泛。句法歧义不存在第 1 种逻辑关系的情况，即意味着句法歧义的两种含义，要么在句法结构层面不同，要么在句法结构层面和韵律结构层面都不相同。我们在第五章提到过，通过理论上推测发现句法歧义能够被消解的可能性最大，因为不同的含义所对应的句法结构差异显著，那么从表 6-2 的情况来看，句法歧义遍布 5 种句法-韵律的逻辑关系。这 5 类句法-韵律关系类型的共同点是都在句法结构层面存在差异；对于韵律结构而言，存在多种情况，有的音系短语和语调短语都不相同，有的二者完全相同，有的则是其中之一存在差异。我们不禁思考：遍布 5 种逻辑关系的句法歧义类型下的句子都能够消除歧义吗？在现实层面，哪些不能消除歧义，哪些又更容易消除歧义？在句法结构维度上呈现出差异的语义歧义，在实际情况下能不能被消解？句法结构和韵律结构中的哪些要素才是决定歧义能够被消解的决定性要素？汉语歧义句的消歧情况验证了句法说还是韵律说的正确性？这些问题我们需要通过展开实验来寻找答案。

三、汉语歧义的消解实验

（一）实验材料与步骤

此次歧义消解测试的受试对象共 28 人，他们都是在校大学生，年龄为 18～22 岁。测试内容共包含 35 个歧义句，囊括了句法－韵律的全部 6 种逻辑关系。此外，对应 6 种逻辑关系的歧义句基本包含了图 6－1 中的各种不同歧义类型。其中，由于语音歧义只有在非书面文字的情况下才发生，一旦出现文字，歧义就自然消解，因而不被纳入我们的测试范围。此外，词汇歧义中由多音字引发的歧义类型也不在我们的测试范围内，因为多音字一旦读出来就不存在歧义了。

录音人普通话水平为二级甲等，实验全程使用 praat 软件进行录音。35 个歧义句根据其所包含的两种含义被制作成两个版本的录音，分别为试题一和试题二。28 位受试也被分成两组，每组 14 人，在实验中一组听试题一的录音，另一组听试题二的录音。

在试题录音的过程中，由于 35 个句子中的每个句子在每个录音版本中都只对应一种含义，因此为了确保录音人能按照歧义句两种含义中指定的一种含义去录音，我们会在每个句子前标注它的指定含义，录音人理解了含义之后再录入句子。因此，每个录音版本有 35 种含义，两个录音版本一共包括了 35 个句子完整的 70 种含义。对于受试者，答题纸上每个歧义句下面都有 A、B、C 3 个选项，A 和 B 选项分别是句子的两种含义，C 选项为无法确定，正确答案随机分配给选项 A 或选项 B，受试者需要在答题纸上选出他们认为正确的选项或选择无法确定。答题纸上的试题如下所示：

> 彩色铅笔收纳盒拿来了。
> A. 装彩色铅笔的收纳盒拿来了。
> B. 铅笔收纳盒是彩色的。
> C. 无法确定。
>
> 老王看见那个姑娘慢慢走了过去。
> A. 老王看见的是"姑娘走了过去"。

> B. 老王看见姑娘后，老王走了过去。
> C. 无法确定。

在试题一的录音中，对于这两个句子发音人所表达的分别是"装彩色铅笔的收纳盒拿来了"和"老王看见姑娘后，老王走了过去"这两种含义，所以正确答案选项分别是 A 和 B；在试题二的录音中，发音人所表达的含义与试题一不同，分别是"铅笔收纳盒是彩色的"和"老王看见的是'姑娘走了过去'"这两种意思，因此正确选项是 B 和 A。

在测试中，每个句子的录音播放两遍。在听第一遍时，受试者先听句子并思考其含义，然后看答题纸上的两个选项；听完第二遍，受试者需要选出哪个含义与录音内容相匹配。测试期间，鼓励受试者以"快速自然"的方式做出选择，无须思考太久。如果实在在两种含义之中无法取舍，受试者可以选择 C 选项。

（二）实验结果

1. 句法 - 韵律关系与消歧可能性

Lehiste（1973）在实验中使用的歧义句出现了非典型的例子，即歧义句两种含义的其中一种存在不符合常理的情况，这样就可能导致无论受试者听到的是什么含义，根据经验以及正常情况下对语言的理解，会自动排除其中一种选择，这必然会影响实验结果的准确性，无法完成我们实验的预期目标。因此，我们仔细审核用于实验的歧义句，确保在测试中所使用的35 个歧义句，其两种含义都不存在与现实合理性相违背的情况。

在对测试结果的统计过程中，若受试人所选择的答案与录音人所表达的含义相匹配，则用符号"＋"做标记；若答案不匹配，则记作"－"；若选择 C 选项，则意味着受试人认为无法获知该句的含义。综合两个版本的选择结果，匹配率最高的为第 29 题"要说小丽的妈妈不爱她家里人谁也不信"，匹配比例为 100%，即 28 位受试所选择的结果与录音人所表达的意义完全匹配。该歧义句属于句法 - 韵律关系中的第 6 种关系。其次为第 22 题"我看到他高兴得跳起来"，共 24 人选择的答案与要表达的意义相符，匹配比例为 85.7%。该句属于句法 - 韵律关系的第 4 种。匹配数量达到 20 人以上的歧义句主要集中在第 4 种、第 5 种和第 6 种句法 - 韵律关系。我们综合两套试题共 70 个含义选项的选择结果与录音含义相匹配的比例，见表 6 - 3。

表6-3　6种句法-韵律关系下歧义句的答案匹配比例

	句法结构和韵律结构的关系	匹配比例	C选项的数量
1	句法成分＋，句法标注＋，音系短语＋，语调短语＋	51.0%	13
2	句法成分＋，句法标注－，音系短语＋，语调短语＋	54.6%	5
3	句法成分－，句法标注－，音系短语＋，语调短语＋	54.3%	5
4	句法成分－，句法标注－，音系短语＋，语调短语－	75.0%	0
5	句法成分－，句法标注－，音系短语－，语调短语＋	64.8%	3
6	句法成分－，句法标注－，音系短语－，语调短语－	71.4%	0

注："匹配比例"是指受试所选答案与发音人所表达的含义相匹配情况的百分比；"C选项的数量"是指各种关系类型中出现"无法确定"选项的数量。

　　从理论上来看，若一个句子无法消解歧义，则答案与预期含义的匹配比例应该为50%或低于50%；若歧义完全可以被消解，那么理论上的匹配比例应该为100%。从表6-3的匹配比例来看，关系1、关系2和关系3的匹配比例都在50%左右，因而我们可以认为符合这3种句法-韵律关系的歧义是无法消解的。关系5的匹配比例有64.8%，关系4和关系6都达到了70%以上，因而我们可以认为符合这3种句法-韵律关系的歧义能够被消解的机率更大。从歧义消解的可能性来看，6种句法-韵律关系按消歧可能性由高到低排序为"关系4 ＞ 关系6 ＞ 关系5 ＞ 关系2 ＞ 关系3 ＞ 关系1"。从选C选项的人数来看，关系1中认为无法确定含义的人数最多，其次为关系2、关系3和关系5；对于关系4和关系6，所有人都在选项A和选项B中做出了选择，选出C选项的人数为零。这个结果与正确答案匹配比例的高低是一致的。

　　从关系1、关系2和关系3的匹配比例来看，这3种句法-韵律关系都属于歧义无法消解的情况。我们观察它们的句法结构和韵律结构，就会发现，3种情况的共同点是音系短语和语调短语都完全相同，不同之处在句法结构层面。因而我们可以认为，当句子的两种含义在音系短语和语调短语上完全相同时，即使句法成分、句法标注不同，都不能很好地消解歧义。

这个结论对于我们上述遗留问题的解决非常重要，它可以说明句法结构的差异并不能让句子歧义得以消解，句法结构并非消除歧义的决定因素。这一点和我们之前所推测的情况不同，人们往往认为句法结构差异越显著，句法歧义越容易被消解。在第五章我们面向各类型歧义，从理论上对可以消解歧义的韵律特征做了推测，发现似乎通过停顿、重音等韵律特征能够消歧的句子歧义类型大多是句法歧义，句法歧义类型的句子的明显表现便是在句法结构上存在差异。但通过上述实验，该推测被证明是不成立的，无论是句法成分上的差异，还是句法标注上的差异，都不能决定句子歧义可以被消解。

再看关系3和关系4，从二者的匹配比例来看，相差差不多20%。这两类歧义句在句法成分、句法标注，以及音系短语上都是一致的，唯一的不同在于语调短语。关系3的歧义句两种含义所对应的音系短语和语调短语都是相同的，而关系4的歧义句两种含义对应的音系短语相同，但语调短语不同，因而从关系3和关系4的统计数据来看，我们可以认为之所以关系4的歧义消解的可能性更高，原因在于语调短语方面，即句子两种含义所对应的语调短语不同，歧义更有可能被消解。这一点结论同样可以通过关系5和关系6的数据对比获得，这两种类型歧义句的差别仍然是在语调短语上，和关系3与关系4不同的是，关系5与关系6的歧义句的两种含义所对应的句法结构、句法成分和音系短语三方面都是不同的，但关系5在语调短语上相同，关系6所对应的语调短语不同，这也是二者唯一的区别。正是由于这唯一的一点不同，在答案匹配比例上关系6高于关系5。通过上述的对比，我们可以证明这样一点：语调短语的不同在歧义消解中起到了关键性的作用。

那么语调短语不同、音系短语相同的情况，和音系短语不同、语调短语相同的情况相比，哪一种情况更容易消解歧义呢？关系5的情况就是音系短语不同、语调短语相同，这种句法 - 韵律关系下的歧义句得到的答案匹配比例为64.8%；关系4是音系短语相同、语调短语不同的情况，得到的答案匹配比例为75.0%，也是6种关系中匹配率最高的一种。因此我们认为，对于歧义句的两种含义来说，语调短语不同（音系短语相同）的句子比音系短语不同（语调短语相同）的句子更容易消解歧义。同时，对于音系短语和语调短语都不同的歧义句是否最容易消除歧义这个问题，我们的实验结果也给出了答案。关系6就是音系短语和语调短语都不同的情况，但这一种情况下的匹配比例并不高于关系4，即音系短语相同，语调短语不同的情况。这一点也进一步说明，并非音系短语和语调短语都不同时，句子消除歧义的可能性最高，因为相较于音系短语来说，语调短语才是消除歧义的决定性因素。

通过上述对实验结果的分析，我们最终得到的结论如下：

（1）当歧义句的两种含义所对应的音系短语和语调短语完全相同时，即使句法结构不同，句子歧义仍然无法得以消解。

（2）歧义句的两种含义在语调短语不同（音系短语相同）的情况下，相比音系短语不同（语调短语相同）的情况更容易消解歧义。

（3）句子歧义能否得到消解，关键点并非在于句法结构上的差异，而是在于韵律结构，其中语调短语起到了非常重要的作用。

2. 歧义类型与消歧可能性

上面提到，从歧义的 5 种类型来看，语音歧义、词汇歧义和大部分的语义歧义，以及单纯由语境差异导致的语境歧义都表现出第 1 种句法 – 韵律关系，即关系 1。由于关系 1 的特点是句子的两种含义在 4 个维度上都相同，所以自然是无法消除歧义的。

对于语义歧义来说，其中有两种不属于句法 – 韵律关系 1 的情况。一种是代词省略歧义，如"我看到你那年才 8 岁"这样的句子，在无上下文语境的情况下，这句话因为缺少人称代词"你"或者"我"而产生了歧义。这种情况属于句法 – 韵律关系中的第 3 种，即关系 3，表现为两种含义在句法结构的两个维度上不同，在韵律结构的两个维度上都相同。我们说在韵律结构相同的情况下，即使句法结构不同，歧义也无法被消解，因而这一类型的语义歧义是无法被消解的。还有一种语义歧义是"来""去"的指向歧义，如"他派人去了"这样的句子。这种类型的语义歧义在句法 – 韵律关系中表现为第 5 种，即两种含义在句法结构的两个维度上都不同，在音系短语上不同，但语调短语上相同。上面我们统计出的第 5 种句法 – 韵律关系的答案匹配比例为 64.8%，超过 50%，这意味着是有一定的歧义消解可能性的，即在某些情况下歧义可能会被消解。

再看句法歧义，句法歧义的情况比较复杂，不同的句法歧义表现出的句法 – 韵律关系有 5 种不同的情况。其中表现为关系 2 和关系 3 的并列名词短语歧义、数量短语歧义、多个定语歧义、同位结构歧义、介词歧义、部分兼类词歧义以及部分述宾结构歧义都无法得到消解，原因在于这两种句法 – 韵律关系都表现为两种含义在句法结构的某个维度上不同，但在韵律结构的两个维度上都相同。这两种句法 – 韵律关系的答案匹配比例都为 50% 左右，所以上述这些句法类型的歧义都无法得到消解。表现为关系 5 的指示代词歧义如"小杨那么高"、述宾结构歧义如"帮助她的学生很开心"，以及兼类词歧义如"肯定工作是要做的"，则具备一定的消歧可能性。关系

5 表现为两种含义在音系短语上不同，答案匹配率超过 60%，因而有一定的消歧可能性，但可能性不高。而还有部分述宾结构歧义和兼类词歧义表现为句法－韵律关系中的关系 4 和关系 6，如"我讲不清楚""他背着妈妈和妹妹去了以前的学校"这样的歧义句，则具有更高的消歧可能性。这两种句法－韵律关系表现为两种含义要么在语调短语上不同，要么在音系短语和语调短语上都不同，答案匹配率都达到了 70% 以上，因此更容易通过韵律手段消解歧义。

所以综合上述不同类型歧义的不同情况，我们可以说在 5 类歧义中，句法歧义以及小部分语义歧义在特定情况下的确具有消歧可能性，但若论较高的消歧可能性，则只存在于句法歧义中的部分述宾结构歧义和部分兼类词歧义之中。

3. 理论与现实层面的消歧可能性对比

我们在第五章通过分析引发歧义的原因以及观察歧义句两种含义的语图，得到了不同类型歧义理论上能否得到消解的推测结果。在实验之后，我们得到了在现实层面哪些歧义消歧可能性更高的答案。那么，理论上的推测与现实中的情况是否一致呢？

（1）理论上可以消歧，现实中不可以。

这种情况是理论上的推测和现实实验数据经过对比得到的最为明显的情况，理论上可以消解歧义的类型比较多，但现实中并不多。理论上可以消解的歧义集中在句法歧义和语义歧义中。在句法歧义中，并列名词短语歧义、数量短语歧义、多个定语歧义、介词歧义从理论上来说，都可以通过停顿、重音这样的韵律手段消除歧义。我们通过观察这些歧义两种含义的语图，发现是存在差异的。但在实际的听辨实验中，这四种类型的句法歧义得到的答案匹配率只有 50% 多一点。

在语义歧义中，理论上可以消解歧义的有三种类型，分别是代词的虚实歧义、"来""去"的指向歧义，以及部分状语指向歧义。这三类歧义在实际的句法－韵律关系中表现不同。其中，代词的虚实歧义表现为关系 1，即这种情况无法消除歧义；部分状语指向歧义，如"两个人就吃了三碗"，在理论上可以通过重音的方式区分意义，但实际也仍然属于句法－韵律关系中的第 1 种，无法消除歧义。

（2）理论上可以消歧，现实中有一定的可能性。

句法歧义中的指示代词歧义从理论上来说可以通过重音的方式消解歧义，在句法－韵律关系中属于关系 5，在实验中的答案匹配率超过 60%，所以这一类型的歧义在理论上能够消歧，在现实中也具有一定的消歧可能性，虽然可能性并不高。此外，句法歧义中的部分述宾歧义，以及部分兼类词歧义，也表现出理论和现实的相对一致性。此外，这类歧义在现实中消歧的可能性相对更高，也是所有歧义中最有可能消解歧义的类型。在语义歧义中，"来""去"的指向歧义在现实中属于句法－韵律关系中的第5种，有一定的消歧可能性。

上述两种情况是笔者在对比之后得到的结论，并不存在理论上无法消歧，现实中可以消歧的情况。对于第一种理论上可以消歧而现实中不可以的情况，我们认为出现理论与现实差异的原因在于，在进行理论推测时，主要参考的一是原因，二为语图，但这二者与歧义实际中的消解情况并没有绝对的因果关系。原因只能说明该例歧义句的句法差异显著，语图说明我们试图去通过声学手段表达不同的意义，但对于听者来说，是否能够有效区分这一点无法预测。

因此，通过理论推测与现实情况的对比，我们认为句法差异显著不代表歧义能够消除，说话者试图区分意义的声学特征并不意味着一定能够帮助听者正确理解。

上述的实验结果与分析证明了韵律说的正确性，也让我们明白并非如人们之前所预测的那样，句法差异显著的歧义就一定能够得到消解。在所有歧义类型中，最有可能得到消解的歧义类型是句法歧义中的述宾结构歧义和兼类词歧义，但这并不意味着消解的原因在于它们属于句法歧义，还有很多句法类型歧义在实际听辨实验中无法被消解。因此，句子的歧义能不能得到消解，不是看它是词汇歧义、语义歧义还是句法歧义，最关键的是要看句子的两种含义所对应的句法－韵律关系是怎样的，尤其要看韵律结构是否一致，特别是其中的语调短语是否存在差异。对于歧义消解而言，韵律结构中的语调短语这一韵律单位起到了十分重要的作用。歧义句的两种含义在韵律结构尤其是语调短语上是否存在差异是影响歧义消解的关键性因素。

4. 汉语与意大利语消歧实验结果的对比

我们将汉语歧义句实验结果中的答案匹配比例与意大利语做比较。由于意大利语中有10种句法结构和韵律结构的关系类型，汉语中有6种，所以我们只对比汉语中有的这6种类型，见表6-4。

表 6 - 4　汉语与意大利语在匹配比例上的对比

类型	汉语	意大利语
类型 1：句法成分 +，句法标注 +，音系短语 +，语调短语 +	51.0%	50.0%
类型 2：句法成分 +，句法标注 -，音系短语 +，语调短语 +	54.6%	- -
类型 3：句法成分 -，句法标注 -，音系短语 +，语调短语 +	54.3%	52.6%
类型 4：句法成分 -，句法标注 -，音系短语 +，语调短语 -	75.0%	94.9%
类型 5：句法成分 -，句法标注 -，音系短语 -，语调短语 +	64.8%	75.8%
类型 6：句法成分 -，句法标注 -，音系短语 -，语调短语 -	71.4%	90.2%

注：在意大利语中，没有出现类型 2 的情况，所以用"- -"表示。

从表 6 - 4 的数据可以看到，汉语歧义句消歧实验的答案匹配比例与意大利语存在一致性。在意大利语中，类型 1 和类型 3 无法消除歧义；类型 4 和类型 6 是最容易消除歧义的类型，其中类型 4 的匹配比例最高；类型 5 相较于类型 4 和类型 6 来说，匹配比例低一些。这些情况都与汉语的情况一致。但我们也能看到不一致的地方，主要体现在具体的数据上。在意大利语中，类型 4 和类型 6 的匹配比例达到了 90% 以上，类型 4 更是达到94.9%，接近理想中的 100%。也就是说，在意大利语中，这两种关系类型下的歧义句几乎都能够消除歧义。但汉语中这两类的匹配比例只有 70% 以上，远低于 90%。这意味着在汉语中，这两种类型的歧义句消歧程度确实在 6 种类型中最高，但并没有像意大利语那样达到几乎可以消除歧义的程度。

具体来看我们在实验中使用的 35 例歧义句，答案匹配比例最高的句子是"要说小丽的妈妈不爱她家里人谁也不信"，匹配人数达到 28 人，即所有人都选出了正确答案，匹配比例为 100%。该句属于四个维度都不同的句子，即第 6 类。但同属该类的歧义句如"他背着老师和班长去了网吧"以及"他批评你做得不对"，匹配人数分别是 17 人和 16 人。因而此类型总体上来说就没有达到非常高的匹配比例。我们从这样的不同中可以看到语言之间还是存在明显差异的。即使在韵律结构和句法结构层面关系上表现一致，同属一种关系类型，但由于韵律结构都是决定歧义是否得到消解的关键性因素，有的语言歧义消解程度非常高，有的语言歧义消解程度相对低，因而对于汉语而言，韵律结构尤其是其中的语调短语虽然是决定歧义能否被消解的关键性因素，但当歧义的两种含义所对应的语调短语不同时，歧义能够被消解的程度比较高，但并不意味着此时歧义一定能够被消除。

四、小结

　　本章讨论了汉语歧义句句法结构和韵律结构的 6 种逻辑关系，这 6 种关系类型体现了句法成分、句法标注、音系短语和语调短语这 4 个维度的不同表现。之前我们梳理出的 5 种歧义大类以及下属的歧义小类都可以分别对应这 6 种句法 - 韵律关系。其中理论上预测更容易消歧的句法歧义分布于 5 种关系类型中，具体表现为句法歧义的两种含义，要么在句法结构层面不同，要么在句法结构层面和韵律结构层面都不相同。为了证明是否遍布 5 种逻辑关系中的句法歧义类型下的句子都能够消除歧义，以及句法结构和韵律结构到底哪一个才是歧义消除的关键性因素，本章展开了面向汉语歧义句的消歧实验。实验选用了 35 例歧义句，共 70 种含义，由录音人根据句子的不同含义录成两个版本的录音，由 28 位受试分为两组在听完各自版本的录音之后选择认为符合句子意义的答案。最终实验得到的结果显示，这 6 种句法韵律关系下的歧义句在消歧程度上是存在差异的。其中，当歧义句的两种含义所对应的音系短语和语调短语完全相同时，即使句法结构不同，句子歧义仍然无法得以消解。此外，对于音系短语和语调短语来说，歧义句的两种含义在语调短语不同（音系短语相同）的情况下，比音系短语不同（语调短语相同）的情况更容易消解歧义。通过实验我们最终得出结论，汉语歧义句能否消除歧义，关键因素并非在于句法结构上的差异，而是在于韵律结构的差异，其中语调短语起到了最为重要的作用。

　　实验结果最终证明了韵律说是成立的，同时也推翻了句法说的观点。首先，韵律结构和句法结构之间并不是一一对应的关系。其次，句子歧义能不能得到消解，并不是看句子属于 5 种歧义大类中的哪一种类型。虽然我们得到的结果显示，句法歧义中的部分述宾结构歧义与兼类词歧义在现实情况下有较高的消歧可能性，但并不是说句法歧义就更容易被消解。歧义消解的根本原因不在于句子的句法差异是否显著，即不在于句法结构，而是在于韵律结构。当歧义句的两种含义所对应的韵律结构存在差异时，歧义更容易被消解。同时，我们对比了理论预测与现实实验的结果，发现无论是歧义产生原因在于句法差异，还是表达两种含义的语图存在声学参数上的差异，都不能说明句子歧义一定能得到消解，最终还是要看句子所属的句法 - 韵律关系类型。此外，在对比了意大利语歧义消解实验中各个类型的正确答案匹配率之后，我们发现语言之间在消歧程度上是存在差异的：

同样的句法－韵律关系下，意大利语歧义句的消解程度更高。这一点差异也说明了在汉语中，韵律结构存在差异的歧义句更容易消除歧义，但并不意味着只要句子韵律结构存在差异就一定能消除歧义。

第七章 结 语

一、本研究的主要发现

本书在韵律音系学的理论框架下，在对"汉语歧义消解的关键性因素"这一问题寻找答案的过程中，对汉语的歧义类型、汉语歧义句的句法结构和韵律结构的关系等方面进行了全面系统的探究与分析。在对汉语类型的划分上，一方面从语音、词汇、句法、语义、语用的角度对汉语歧义进行了系统化的分类，在歧义类型梯度化分布模式下，讨论从理论上来说最容易通过韵律手段消除歧义的类型；另一方面，在韵律层级理论的指导下，从句子不同含义所对应的韵律结构和句法结构的关系入手，整理出汉语歧义句韵律结构和句法结构关系表现不同的 6 种情况，并通过展开听辨实验去证实哪种关系下的歧义类型更容易消除歧义，最终探讨歧义消解的规律与根本原因。

（一）汉语歧义的分类可以梯度化

本书从语音、词汇、句法、语义、语用的角度，对汉语歧义进行了全面的梯度化分类。在查阅以往文献的过程中，我们发现传统的歧义类型研究涉及了较多角度。例如，从语体的角度区分口语歧义和书面语歧义，从语言内部根源的角度区分词汇歧义、组合歧义等，从"三个平面"的视角提出句法歧义、语义歧义和语用歧义，从交际效应的角度提出有意歧义和无意歧义，等等。这些分类虽然各有依据，但仍存在一些问题。例如，分类较为零散化，分类标准不统一，在同一篇文章中对歧义所做出的分类可能涉及不同的标准、不同的维度；又如，不同歧义类型之间的界限并不严格，某种歧义类型下的歧义用例又能适用于另外的歧义类型；并且大多分类研究都集中在句法、语义层面，对语音层面的歧义现象研究较少。说到语音歧义，人们往往将其与词汇歧义混为一谈。对此，本书纠正了这一点，提出语音歧义不同于词汇歧义，它的特征是语音形式相同但词形不同，即

"同音不同形";而词汇歧义有 3 种情况,且都具备"同形"的共同特征。此外,本书对何为语用歧义进行了范围的界定,并且认为语用歧义事实上存在两种情况:一种是从根源上来说属于语音、词汇、句法和语义方面的歧义,另一种情况是与语音、词汇、句法和语义无关,单纯因为语境因素导致的歧义。因而本书的歧义类型划分纠正了在查阅文献过程中发现的一些问题,并基于严格的标准范围分别对各类歧义进行了讨论,从而做出进一步的划分。最终我们得到汉语歧义的一级分类为 5 类,分别是语音歧义、词汇歧义、句法歧义、语义歧义和语用歧义。在一级分类的基础上,二级分类主要为语音歧义下的同音异形词歧义,词汇歧义下的同形同音不同义与同形不同音不同义两类,句法歧义下的层次不同、关系不同、层次和关系不同的 3 种情况,语义歧义下的语义指向不同、语义关系不同、语义特征不同 3 种情况,语用歧义下的源于语音、词汇、句法、语义层面和源于交际语境这两种类型。在上述的二级分类基础上,对于词汇、句法和语义方面的歧义又可以进一步分出三级类型。词汇歧义包括一词多义歧义、词义引申歧义以及多音字歧义。句法歧义中的层次不同这一类型包括 3 小类,分别为并列名词短语歧义、数量短语歧义和多个定语歧义;关系不同的情况主要为同位结构歧义;层次和关系不同主要有 4 种情况,分别为介词歧义、指示代词歧义、述宾结构歧义和兼类词歧义。语义歧义的三级分类有 14 种情况,分别为语义指向歧义下的代词指代不明歧义、代词的省略歧义、代词的虚实歧义、"来""去"的指向歧义、状语的指向歧义、补语的指向歧义、否定式比较结构歧义;语义关系歧义下的"的"字结构歧义和施事受事不明确产生的歧义;语义特征歧义类型下的时量短语歧义、动词兼具施动性和受动性歧义、"让""叫"等兼具使动义和被动义歧义、确指泛指歧义和变化偏离歧义。基于上述的层层分类,笔者提出了全面系统的现代汉语歧义类型图示。歧义的细致化、梯度化的分类有助于我们细致了解歧义的格式、结构、语义特征,并且有助于对何种类型歧义能够得到消解这个问题进行进一步的分析。

(二)汉语歧义表现为 6 种句法 – 韵律关系

上述的歧义分类帮助我们全面描画了汉语歧义的类型分布,有助于我们更加细致地了解歧义的结构、语义等各方面,但无法从根源上解答歧义消解真正原因是什么这个问题。因此,本书在韵律层级理论的指导下,基于韵律说和句法说不同的观点,对汉语歧义句的两种含义所对应的句法结构和韵律结构的关系进行了梳理。首先,我们对汉语句子的句法成分、句法标注、音系短语和语调短语做了界定与阐释，而后从这 4 个维度入手，通过分析歧义句的两种不同含义所对应的句法结构和韵律结构的表现，共得到 6 种不同的歧义类型。这一分类不同于传统的分类方式，不是从句法或语义单方面去做出分类，而是基于句子句法结构和韵律结构的关系展开的分类。我们得到的 6 种类型分别为：①句法成分相同，句法标注相同，音系短语相同，语调短语相同；②句法成分相同，句法标注不同，音系短语相同，语调短语相同；③句法成分不同，句法标注不同，音系短语相同，语调短语相同；④句法成分不同，句法标注不同，音系短语相同，语调短语不同；⑤句法成分不同，句法标注不同，音系短语不同，语调短语相同；⑥句法成分不同，句法标注不同，音系短语不同，语调短语不同。上述 6 种关系类型体现了汉语歧义句的两种含义所分别对应的句法结构和韵律结构之间的关系，这种分类是对后续音系与句法关系讨论的前提，打破了传统层面上对汉语歧义句的分析方式，有助于我们更深入地讨论韵律和句法对于歧义消除的作用。

同时，我们将歧义句的韵律和句法关系类型与第四章从语音、词汇、句法等角度所划分出的类型进行对照，发现传统观念中更容易消除歧义的句法歧义类型主要表现为在句法结构层面不同，或者在句法结构层面和韵律结构层面都不相同的情况。句法类型歧义事实上对应于韵律与句法关系类型的后 5 种逻辑关系，这意味着我们不能单纯地说句法歧义更容易得到消解，因为句法歧义的句法韵律内在逻辑关系也很复杂。这一点也更加证实了沿着句法和韵律关系这条线索去寻找消歧根源的可能性。

（三）韵律结构差异是歧义消解的关键因素

根据歧义句的 6 种句法和韵律关系类型，我们选取了 35 例歧义句共 70 种含义，由录音人根据句子不同含义录成两个版本的录音。28 位受试被分为两组，在听完各自版本的录音之后选择认为符合句子意义的答案。听辨测试结果显示，6 种关系类型下句子消除歧义的情况是不同的。具体表现为，当歧义句的两种含义所对应的音系短语和语调短语完全相同时，即使句法结构不同，句子歧义仍然无法得以消解，即当韵律结构相同时，即使句法结构不同，句子歧义都无法消除。同时，从韵律结构内部来看，歧义句的两种含义所对应的语调短语不同、音系短语相同的情况，比音系短语不同、语调短语相同的情况更容易使歧义得到消解。综合上述的表现我们可以得到这样的结论：句子歧义能否得到消解，关键点并非在于句法结构上的差异，而是在于韵律结构的差异，其中语调短语起到了非常重要的作用。对于现代汉语而言，歧义句的两种含义在韵律结构上尤其是语调短语上存在差异，歧义得到消解的可能性更高。这一实验结果证实了韵律说的正确性，让我们明白并非如人们之前所推测的那样，在五大歧义类型中句法歧义最容易得到消解。句子的歧义能否得到消解，不是看它属于词汇歧义、语义歧义还是句法歧义，而是看歧义句本身两种含义所对应的韵律结构是否一致，尤其是语调短语是否存在差异。简而言之，我们找到了歧义得到消解的根本影响因素，发现音系差异是决定歧义消除可能性的关键因素。

至此，本研究解答了我们一开始提出的诸如汉语歧义分类能否阶梯化、歧义句的含义所对应的句法结构和韵律结构之间是怎样的关系、什么类型的歧义最容易被消解、歧义消解要具备哪些条件等问题。本书的研究内容与结果也为今后汉语歧义类型研究、歧义消解研究提供了多方位的视角。

二、从本研究得到的启示

（一）对歧义类型与消解研究的启示

本书一方面在前人对歧义类型的传统分类研究的基础上，对汉语歧义类型做了非常细致的梳理，从语音歧义、词汇歧义、句法歧义、语义歧义和语用歧义5个方面，重新定义了不同类型的歧义的概念、范围，做出了一级分类、二级分类、三级分类的梯度化类型划分，纠正了前人研究当中一些不妥当的界定方式、分类标准。例如从语音方面来看，由多音字引发的歧义到底是归属于语音歧义，还是词汇歧义？"同音词"类型的歧义具体又分为哪些情况？其中不同的情况分属于语音歧义还是词汇歧义？再如语用歧义是否与其他语言要素方面的歧义不在同一个研究层面？它们之间是否有交集？对于后续的歧义消解研究而言，这些类型方面的问题要首先得到解决。因而做好现代汉语歧义类型的分析、归类和梳理工作，无疑是系统研究汉语歧义问题的基础与前提。通过对5个方面的歧义进行整理与分析，我们看到了更加清晰的汉语歧义面貌，有了较为完整的歧义类型架构，进而引发我们去思考歧义类型与歧义消解之间的关系，为后来者快速全面了解汉语歧义类型提供了依据，为从不同视角探究与歧义相关的问题、探究汉语语言的特征提供了基石。同时我们发现，单纯地从语言要素的角度，从语义、语用的角度来对歧义进行分类，并不能帮助我们直接有效地找到能够被消解的歧义类型，只能从理论上对各种类型歧义的消解做出推测，让我们思考这样的问题,即句法歧义是否更容易得到消解,原因是否在于歧义句的不同意义所对应的句法结构差异显著。这些问题让我们思考能否从其他角度入手对歧义进行分类,找到隐藏在歧义类型背后的规律,找到歧义消解的关键性因素。

于是基于韵律音系学的理论,我们分析汉语的韵律层级系统,发现汉语歧义句的不同含义在音系短语、语调短语上存在不同的表现。为了进一步解开是否句法差异显著的句子可以消歧这样的疑问,证实前人提及的句法说、韵律说观点的正确性,我们从句法结构和韵律结构之间的关系入手,分析汉语歧义句的不同含义在句法成分、句法标注、音系短语、语调短语4个维度上的不同表现,得到6种歧义类型。这样的分类不是基于语言要素,不是基于语言环境,而是基于句子意义对应的句法结构和韵律结构之间的关系,是在韵律音系学理论指导下的歧义分类。这样的分类结果显示汉语歧义共存在6种不同的句法-韵律关系。上述的类型划分让我们距离要寻找的答案"句法结构差异是否歧义消解的决定性因素"更近了一步。

通过对具有6种不同句法-韵律关系的歧义句进行录音,展开听辨实验并收集统计听辨结果,我们发现句法结构并不是影响歧义能否得到消解的决定性因素。在句法结构存在差异的情况下,若韵律结构一致,歧义根本无法得到消解。最终对歧义消解影响最大的因素是韵律结构,而对于韵律结构中的音系短语、语调短语二者而言,语调短语相较于音系短语又起到了更加重要的作用。所以看歧义能不能被消解,不要止步于对歧义结构进行研究,或是限制在语言要素范围内对歧义进行分析,我们可以转换视角,观察分析句子的韵律结构,了解句子音系短语和语调短语的表现,从而寻找消歧的关键因素。

(二)对汉语韵律研究的启示

通过对汉语韵律层级系统,以及句法和韵律关系的梳理,我们发现了语言的共性与差异性是并存的。语言的共性体现在,韵律层级系统不仅适用于西方语言,也适用于汉语,当然这里不完全一致。近些年关于汉语韵律结构、韵律单位的研究越来越多,不同的学者从不同角度对汉语韵律系统展开讨论,其中必然存在各层级划分上的分歧,如韵律词与音系短语要如何划分、黏附组是否存在,等等。但不同的研究围绕着一条线索,即韵律层级是确实存在的。基于语言的韵律层级系统,我们可以从音系的角度深入探究相关的语言问题。本书对汉语韵律层级系统的阐述,尤其是音系短语和语调短语划分上的说明,有助于推进感知汉语韵律结构模式的研究,有助于我们更好地了解语言韵律结构在话语中所发生的作用。我们在对汉语歧义句的不同含义所对应的句法结构和韵律结构之间的关系进行整理分析的过程中发现，汉语句子的句法结构和韵律结构的关系不同于语言学家所研究的英语、意大利语等语言。例如，Nespor 和 Vogel（1983）提出意大利语句法和韵律的关系表现为 10 种情况，而本书发现汉语只有 6 种不同的情况。因此从句法结构与韵律结构的关系角度来看，语言之间的差异也是显著的。

本书的研究为句法和韵律之间不存在一一对应的关系这一点提供了支持。句法结构并不能决定句子的韵律结构。句法结构和韵律结构之间的关系是多样的，在句子意义对应的句法结构完全相同的情况下，韵律结构确实也相同；但当句子意义对应的句法结构不同时，韵律结构却可以完全相同，即不同的句法结构可以产生相同的韵律模式。这对于汉语韵律方面的研究具有重要的意义。

三、本研究的局限性

本研究尝试在韵律音系学的框架下对汉语歧义句的句法结构和韵律结构进行梳理与分析，得到不同的句法和韵律的关系表现，进而通过听辨实验得到歧义容易被消解的句子类型，总结出歧义消解的规律和决定性的影响因素。最终获得了有意义的发现，但仍然存在一些需要改进的地方。

首先，书中所分析的歧义句以及作为实验测试材料的歧义句在选择上仍有待完善。此次歧义语料的选择多来自书籍与网络，若留意并收集生活中的鲜活的语料，将之加入其中，会使研究材料更加丰富。此外，在用于实验的歧义句的选择上，可以通过看书面文本选择意义的方式，来预先判断句子是否具有高频意义，即人们在看到文本之后倾向于选择哪种含义。通过这样的方式剔除具有明显高频意义的句子，可以进一步保证歧义测试例句的合理性。

其次，在被试专业背景选择上，可能缺乏多样性。我们选择的被试，即听辨人都是来自大学语言学专业的学生，他们对语言的敏感度可能相较于其他专业来说更高，听辨人的选择可能会影响实验的结果。因此在今后的研究中，对被试的语言背景、专业背景都须加以谨慎考虑。

最后，本书的实验结果与 Nespor 和 Vogel（1983）的实验结果基本上是一致的，但同时也存在不完全一致的情况。不一致主要表现为意大利语在"句法成分不同、句法标注不同、音系短语相同、语调短语不同"和"句法成分不同、句法标注不同、音系短语不同、语调短语不同"这两种情况下，答案匹配比例都达到了90%以上，接近100%。虽然在汉语中这两种类型的歧义句消解可能性也是最高的，但匹配比例都只有70%左右，远低于意大利语的90%以上。这意味着在意大利语中，这两种类型的歧义句基本上可以完全消歧，但对于汉语来说，这两种消歧可能性相对较高的类型的歧义都不能完全被消解。是什么原因导致了数据上的差异？是韵律结构对汉语的影响力问题还是汉语与意大利语语言特点的差异性所致？这一点值得今后继续去讨论探究。

四、对未来研究的展望

基于目前对汉语歧义句句法与韵律关系的梳理，以及韵律结构是影响汉语歧义能否被消解的关键性因素这样的观点，未来还有许多的工作可以开展。

首先，未来可以结合汉语歧义的分类标准，建成汉语歧义语料库。语料库中的歧义句可以来自新闻报刊、文学作品、生活口语等各个领域，涉及语音、词汇、句法、语义等各方面，并且也能体现句法结构和韵律结构的关系类型。这样的歧义语料库无论对于我们研究汉语语言本体，还是作为双语教学的相关语料，都有重要的意义。

其次，在汉语普通话的句法结构和韵律结构的关系研究的基础上，今后可以加入汉语方言的研究。关于汉语不同地区的方言在句法结构和韵律结构的关系问题上有什么样的表现，我们可以尝试去探索。

最后，本研究中听辨实验的被试都是来自语言专业的在校大学生，未来可以加入不同年龄段、不同语言背景、不同专业背景的被试，考查被试年龄、背景的不同是否会影响听辨的结果，是否会在某些方面有不同的发现。

参考文献

一、中文版本

布斯曼.语言与语言学词典［Z］.北京：外语教学与研究出版社，2000.

蔡国妹.语义结构歧义格式"除了＋N1，N2＋最/也＋V＋N3"的制约和分化［J］.闽江学院学报，2005（3）.

曹剑芬.基于语法信息的汉语韵律结构预测［J］.中文信息学报，2003（3）.

陈文君，肖奚强.论歧义结构"看不见你的爱"［J］.上海师范大学学报（哲学社会科学版），2018（3）.

陈一民.歧义格式及其分类［J］.湘潭师范学院学报（社会科学版），2004（4）.

迟宇风.语义歧义与语用歧义［J］.长春工程学院学报（社会科学版），2003（2）.

丁后银.副词"只"和"only"的语用歧义探讨［J］.运城学院学报，2003（6）.

丁声树，等.现代汉语语法讲话［M］.北京：商务印书馆，1961.

段继储."连……都/也……"句式"连"省略的归属范畴和歧义根源［J］.语文学刊，2018（6）.

端木三.从汉语的重音谈语言的共性与特性［C］//黄正德.中国语言学论丛：第一辑.北京：北京语言文化大学出版社，1997.

端木三.汉语的节奏［J］.当代语言学，2000（4）.

端木三.音步和重音［M］.北京：北京语言大学出版社，2016.

方甜，彭加法."NP1＋V得＋NP2＋VP"句式歧义分析［J］.齐齐哈尔大学学报（哲学社会科学版），2019（9）.

冯胜利.论汉语的韵律词［J］.中国社会科学，1996（1）.

冯胜利.汉语的韵律、词法和句法［M］.北京：北京大学出版社，1997.

冯胜利.论汉语的"自然音步"[J].中国语文，1998（1）.

冯胜利.汉语韵律句法学［M］.上海：上海教育出版社，2000.

冯胜利.汉语韵律语法研究［M］.北京：北京大学出版社，2005.

冯胜利，王丽娟.汉语韵律语法教程［M］.北京：北京大学出版社，2018.

冯志伟.自然语言处理中的歧义消解方法［J］.语言文字应用，1996（1）.

甘智林."V一下"格式的歧义现象［J］.安徽农业大学学报（社会科学版），2005（1）.

顾介鑫，周昕，翁婧琦."挂念小芳的爷""类句法歧义加工的脑功能成像研究［J］.语言科学，2018（6）.

何文广，赵晓静，沈兰玉.不同认知方式个体句法成分整合歧义消解的眼动研究［J］.心理学报，2017（12）.

胡明杨.北京话初探［M］.北京：商务印书馆，1987.

胡清国，蔡素萍.汉语评价构式"A了一点"［J］.汉语学习，2015（4）.

胡胜高，谭文芬.话语歧义的语用研究［J］.辽宁大学学报（哲学社会科学版），2008（4）.

胡叶浩.漫谈"这幅地图好看"的歧义现象［J］.现代语文（语言研究版），2017（8）.

黄伯荣，廖序东.现代汉语［M］.北京：高等教育出版社，2007.

黄彩玉."V双+N双"歧义结构的实验语音学分析［J］.语言教学与研究，2012（3）.

黄彩玉."都"字语义歧义句的实验语音学分析［J］.语言教学与研究，2013（5）.

黄成稳.说歧义［J］.中学语文教学，1982（2）.

黄国营.现代汉语的歧义短语［J］.语言研究，1985（1）.

黄正德.从"他的老师当得好"谈起［J］.语言科学，2008（3）.

贾光茂.英汉语量词辖域歧义的认知语法研究［J］.现代外语，2020（4）.

景晓君.新闻标题中"NP1+VP1+NP2+VP2+NP3"结构的歧义［J］.长江大学学报（社会科学版），2013（6）.

康健.歧义句新角度透视［J］.喀什师范学院学报，2002（2）.

亢世勇.试析"写你的"：兼论句法、语义、语用三个平面的结合［J］.

兰州大学学报，1999（4）.

亢世勇，朱学岚.语音特征在分化歧义中的作用［J］.烟台师范学院学报（哲学社会科学版），2000（2）.

柯航.韵律和语法［M］.上海：学林出版社，2018.

李爱军.普通话对话中韵律特征的声学表现［J］.中国语文，2002（6）.

李爱军.普通话自然口语的韵律标注研究［C］//《中国语文》创刊50周年学术讨论会论文.江西：江西大学，2002.

李大忠.和否定判断句有关的歧义现象［J］.中国人民大学学报，1994（4）.

李峰.语法、语义、语用平面的"歧义"新探［J］.新疆教育学院学报，1987（1）.

李凤杰.韵律结构层次：理论与应用［M］.天津：天津大学出版社，2012.

李汉威.现代汉语的歧义结构及其分化手段［J］.江汉大学学报，1990（2）.

李济洪，高亚慧，王瑞波，等.汉语框架自动识别中的歧义消解［J］.中文信息学报，2011（3）.

李强.谓词隐含、物性角色和"NP1 + 的 + NP2"结构［J］.语言研究，2015（4）.

李晓宏.歧义类型及其分化［J］.晋东南师范专科学校学报，1999（2）.

林茂灿.普通话语句中间段和语句韵律短语［J］.当代语言学，2000（4）.

林茂灿.普通话语句的韵律结构和基频（F0）高低线构建［J］.当代语言学，2002（4）.

林茂灿.赵元任语调学说与汉语语调：纪念赵元任先生诞辰120周年［J］.中国社会科学报，2012（336）.

林焘.现代汉语补足语里的轻声现象所反映出来的语法和语义问题［M］// 林焘.林焘语言学论文集.北京：商务印书馆，2001.

林焘.现代汉语轻音和句法结构的关系［M］// 林焘.林焘语言学论文集.北京：商务印书馆，2001.

刘春卉.几种与"的"有关的歧义现象分析［J］.天中学刊，2001（1）.

刘景霞.语用歧义及其修辞功能研究［J］.西北农林科技大学学报（社会科学版），2007（1）.

刘森林.语用策略与指示词语［J］.解放军外国语学院学报，2004（6）.

刘云峰.格式歧义的思考［J］.西南民族大学学报（人文社科版），2004（1）.

柳广民.歧义类型研究［J］.广西社会科学，1994（6）.

罗常培，王均.普通语音学纲要［M］.北京：商务印书馆，2004.

吕叔湘.现代汉语单双音节问题初探［J］.中国语文，1963（1）.

吕叔湘.歧义类例［J］.中国语文，1984（5）.

吕叔湘.汉语句法的灵活性［J］.中国语文，1986（1）.

吕叔湘.“他的老师教得好”和“他的老师当得好”［M］// 吕叔湘.吕叔湘自选集.上海：上海教育出版社，1989.

吕叔湘，汉语语法分析问题［M］// 吕叔湘.吕叔湘集.北京：中国社会科学出版社，2001.

吕叔湘.语文札记［M］.北京：生活读书新知三联出版社，2008.

马庆株.述宾结构歧义初探［J］.语言研究，1985（1）.

满在江.现代汉语“也”字歧义句的句法研究［J］.外语研究，2005（6）.

明栋.“在 + N1 + 的 + N2”格式句法歧义研究［J］.现代语文（语言研究版），2016（2）.

钱玉莲，梁世红.数量名短语合指和非合指歧义分析［J］.南京师大学报（社会科学版），2012（6）.

秦颖，王小捷，张素香.汉语分词中组合歧义字段的研究［J］.中文信息学报，2007（1）.

秦祖宣，马秋武.韵律音系学研究综述［J］.同济大学学报（社会科学版），2016（1）.

孙建华.语境与语用歧义［J］.河南大学学报（社会科学版），2004（4）.

邵敬敏，关于歧义结构的探讨［M］//朱一之，王正刚.现代汉语语法研究的现状和回顾.北京：语文出版社，1987.

邵敬敏.歧义分化方法探讨［J］.语言教学与研究，199（1）.

邵敬敏.八十到九十年代的现代汉语语法研究［J］.世界汉语教学，1998（4）.

邵敬敏.现代汉语通论［M］.上海：上海教育出版社，2001.

邵士洋.歧义生成的认知语言学研究［J］.佳木斯职业学院学报，2020（10）.

沈家煊.“语义的不确定性”和无法分化的多义句［J］.中国语文，

1991 (4).

沈家煊. 动结式"追累"的语法和语义 [J]. 语言科学, 2004 (6).

沈家煊. "名动词"的反思: 问题和对策 [J]. 世界汉语教学, 2012 (1).

沈家煊. 论"虚实象拟"原理: 韵律和语法之间的扭曲对应 [J]. Berlin & New York: de Gruyter, Mouton, 2012 (1).

沈炯. 普通话语调的构成及其特征 [C] //林焘, 王理嘉. 北京语音实验录. 北京: 北京大学出版社, 1985.

沈炯. 汉语语调构造和语调类型 [J]. 方言, 1994 (3).

沈开木. "不"字的否定范围和否定中心的探索 [J]. 中国语文, 1984 (6).

石安石. 说歧义 [J]. 中国语言学报, 1988 (3).

税昌锡. "N1 + 在 + NPL + V + N2"歧义格式解析 [J]. 暨南大学华文学院学报, 2005 (2).

肖国萍. "名1 (+的) +名2"格式歧义组合初探 [J]. 福建师范大学学报 (哲学社会科学版), 1996 (2).

肖伟良. 试论多重复句的多义现象 [J]. 广西师范大学学报 (哲学社会科学版), 1993 (4).

邢凯. 歧义现象和语言的不确定性 [J]. 南开大学学报, 1997 (3).

熊文华. 翻译中的歧义问题 [J]. 语言教学与研究, 1989 (4).

徐以中, 孟宏. 副词"还"的歧义及相关语音问题 [J]. 汉语学报, 2015 (1).

徐以中, 杨亦鸣. 副词"都"的主观性、客观性及语用歧义 [J]. 语言研究, 2005 (3).

徐以中, 杨亦鸣. "就"与"才"的歧义及相关语音问题研究 [J]. 语言研究, 2010 (1).

徐仲华. 汉语书面语言歧义现象举例 [J]. 中国语文, 1979 (5).

王本华. 修辞歧义说略 [J]. 首都师大学报, 1999 (3).

王灿龙. 句法组合中单双音节选择的认知解释 [M] //中国语文杂志社. 语法研究和探索 (十一) 北京: 商务印书馆, 2002.

王洪君. 汉语非线性音系学 [M]. 北京: 北京大学出版社, 1999.

王洪君. 音节单双、音域展敛 (重音) 与语法结构类型和成分次序 [J]. 当代语言学, 2001 (4).

王军. 国外传统韵律研究的最新进展及思考 [J]. 外国语, 2013 (6).

王凌.现代汉语歧义结构辨析 ［J］.杭州大学学报，1990（3）.

王希杰.论多义与歧义和双关及误解和曲解 ［J］.延安大学学报，1993（3）.

王维成.从歧义看句法、语义、语用之间的关系 ［J］.语言教学与研究，1988（1）.

文炼.论语法学中"形式和意义相结合"的原则 ［J］.华东师范大学学报（自然科学版），1960（10）.

文炼，允贻.歧义问题 ［M］.哈尔滨：黑龙江人民出版社，1985.

吴葆棠.现代汉语词组歧义现象初探 ［J］.延边大学学报，1979（1）.

吴道勤.试论双关与歧义的关系 ［J］.湘潭大学社会科学学报，1982（4）.

吴新华.汉语是怎样排除结构歧义的 ［J］.南京师范大学学报，1984（4）.

吴为善.汉语韵律句法探索 ［M］.上海：学林出版社，2006.

吴宗济.普通话语句中的声调变化 ［J］.中国语文，1982（6）.

徐以中.副词"只"的语义指向及语用歧义探讨 ［J］.语文研究，2003（2）.

徐以中，胡伟，杨亦鸣.试论两类不同的语义指向 ［J］.语言科学，2015（6）.

杨晓峰，李堂秋，洪青阳.基于实例的汉语句法结构分析歧义消解 ［J］.中文信息学报，2001（3）.

杨亦鸣.试论"也"字句的歧义 ［J］.中国语文，2000（2）.

杨子.Nn 类"差点儿没 VP"新解：从"差点儿没"的歧义性说起 ［J］.语言研究，2017（3）.

姚倩.利用韵律信息解读"都"字句歧义的实验研究：汉语母语者与二语者的对照 ［J］.华文教学与研究，2011（4）.

于秒."V + N1 + 的 + N2"式歧义词组韵律消解作用的实验研究 ［J］.南京理工大学学报（社会科学版），2011（10）.

于秒，闫国利，石锋."V + N1 + 的 + N2"式歧义结构在句中加工的眼动研究 ［J］.南开语言学刊，2015（1）.

于晓日.近五十年来汉语歧义研究综述 ［J］.钦州师范高等专科学校学报，2004（3）.

张宝胜.配价语法和"对 + N + 的 + X"短语的歧义问题 ［J］.河南大学学报（社会科学版），2002（5）.

张斌. 语法分析中的种种"区别" [J]. 语言科学, 2002 (1).

张伯江. 汉语的句法结构和语用结构 [J]. 汉语学习, 2011 (2).

章彩云. 从视点看语用模糊、语用歧义及其语用价值 [J]. 湖北社会科学, 2011 (4).

张洪明. 韵律音系学与汉语韵律研究中的若干问题 [J]. 当代语言学, 2014 (3).

张娟. "坐下来"类歧义动趋结构的认知功能分析 [J]. 汉语学习, 2017 (2).

张克礼. 英语歧义结构 [M]. 天津：南开大学出版杜, 1993.

张亚军. 与"NP 的 V"有关的歧义问题 [J]. 汉语学习, 1996 (1).

张怡春. "前置受事 +VA 了"格式的语义配置和语义特征 [J]. 汉语学习, 2014 (3).

张羽. 副词"就"的语义指向及消除语用歧义的原则 [J]. 文献资料, 2012 (14).

张哲. 工作记忆广度与句法歧义消解的关联性研究 [J]. 长春大学学报, 2016 (9).

赵永刚. 韵律结构的音系 – 句法接口研究：回顾与展望 [J]. 上海理工大学学报（社会科学版）, 2014 (4).

赵永刚. 句法 – 音系的交互与汉语韵律层级理论研究 [J]. 北京第二外国语学院学报, 2018 (2).

郑剑平. "通知的人"歧义结构补议 [J]. 西昌师范高等专科学校学报, 1999 (4).

郑文贞. 歧义句与修辞 [J]. 厦门大学学报, 1993 (3).

周明强. 现代汉语歧义研究的回顾与前瞻 [J]. 浙江教育学院学报, 2009 (4).

周明强. 歧义研究的视角和方法 [J]. 浙江教育学院学报, 2010 (4).

周群强, 李晶. 会话中的语用策略 [J]. 长春理工大学学报（高教版）, 2010 (1).

周韧. 音系与句法互动关系研究综述 [J]. 当代语言学, 2006 (1).

周韧. 信息量原则与汉语句法组合的韵律模式 [J]. 中国语文, 2007 (3).

周韧. 韵律的作用到底有多大 [J]. 世界汉语教学, 2012 (4).

周玉琨. "让"字句的初步考察 [J]. 通化师院学报, 1998 (3).

朱德熙. 现代汉语语法研究 [M]. 北京：商务印书馆, 1997.

朱德熙. 汉语句法里的歧义现象 [J]. 中国语文, 1980 (2).

朱德熙. "在黑板上写字"及相关句式 [J]. 语言教学与研究, 1981 (1).

朱德熙. 语法讲义 [M]. 北京: 商务印书馆, 1982.

朱峰. "全"字句歧义分析 [J]. 社会科学家, 2005 (S1).

二、英文版本

Bing, J. Aspects of English Prosody [D]. Amherst, MA: University of Massachusetts, 1979.

Booij, G. French C/Ø Alternations, Extrasyllabicity and Lexical Phonology [J]. *Linguistic Review*, 1983 (3): 181 – 207.

Chao, Y-R. Ambiguity in Chinese [J]. *Studia Serica Bernhard Karlgren Dedicata*, 1959.

Chao, Y-R. Postlexical Phonological in Korean [D]. Seattle, WA: University of Washington, 1991.

Chen, M. Y. Metrical Structure: Evidence from Chinese Poetry [J]. *Linguistic Inquiry*, 1979 (10): 371 – 420.

Cheng, C. C. *A Synchronic Phonology of Mandarin Chinese* [M]. The Huge: Mouton, 1973.

Cheng, Lisa Lai-Shen. On the Prosodic Hierarchy and Tone Sandhi in Mandarin [J]. *Toronto Working Papers in Linguistics*, 1987 (7): 24 – 52.

Chomsky, N. *Aspects of the Theory of Syntax* [M]. Cambridge, Massachusetts: MIT Press, 1965.

Chomsky, N. & H. Morris. *The Sound Pattern of English* [M]. New York: Harper and Row, 1968.

Cinque, G. A Null Theory of Phrase and Compound Stress [J]. *Linguistic Inquiry*, 1993, 24 (2): 239 – 297.

Cooper, W. & J. P. Cooper. *Syntax and Speech* [M]. Cambridge, MA: Harvard University Press, 1980.

Cruse, D. A. *Meaning in language* [M]. Oxford: Oxford University Press, 2000.

Crystal, D. *A First Dictionary of Linguistics and Phonetics* [M]. Boulder,

CO: Westview, 1980.

Crystal, D. *A Dictionary of Linguistics and Phonetics*. [M]. 6th ed. Oxford: Blackwell, 2009.

Culter, A. *Native Listening: Language Experience and the Recognition of Spoken Words* [M]. bridge, Massachusetts: MIT Press, 2012.

Duanmu, S. A Formal Study of Syllable, Tone, Stress and Domain in Chinese Languages [D]. Ph. D. dissertation, Massachusetts: MIT, 1990.

Feng, Shengli. Prosodic Structure and Syntactic Changes in Chinese [Z]. *The PENN Review of Linguistics*, 1991 (21): 21 – 35.

Feng, Shengli. *Prosodic Structure and Prosodically Constrained Syntax in Chinese* [D]. Ph. D. dissertation, Pennsylvania: University of Pennsylvania, 1995.

Fillmore, C. J. Scenes-and-Frames Semantics [C] // Antonio, Z. *Linguistics Structures Processing: Fundamental Studies in Computer Science*. No. 59. Amsterdam: North Holland, 1977.

Gillon, B. S. Truth Theoretical Semantics and Ambiguity [J]. *Analysis* 50, 1990: 178 – 182.

Goldman-Eisler F. Pauses, Clauses, Sentences [J]. *Language and Speech*, 1972: 103 – 113.

Golston, C. Syntax Outrank Phonology: Evidence from Ancient Greek [J]. *Phonology*, 1995: 343 – 368.

Grice, H. P. Logic and Conversation [C] // Cole, P. & J. Morgan (eds.), *Syntax and Semantics 3: Speech Acts*. New York: Academic Press, 1975.

Hadumod, B. Routledge Dictionary of Language and Linguistics [M] // Translated and edited by Gregory, P. T. & K. Kazzazi. *Foreign Language Teaching and Research Press*. Routledge. 2000: 389.

Halliday, M. A. K. *An Introduction to Functional Grammar* [M]. London: Edward Arnold, 1985.

Harford, C & Demuth, K. Prosody Outranks Syntax: An Optimality Approach to Subject Inversion in Bantu Relatives. Linguistic Analysis [J]. *Linguistic Analysis*. 1995: 47 – 68.

Hayes, B. *A Metrical Theory of Stress Rules* [M]. Cambridge, MA: Massachusetts Institute of Technology Press. 1980.

Hayes, B. The Prosodic Hierarchy in Meter [M] // Kiparsky, P. & Y, Gilbert. *Phonetics and Phonology: Rhythm and Meter*. San Diego, CA: Academic Press, 1989: 201 – 260.

Hirst, G. *Semantic Interpretation and the Resolution of Ambiguity* [M]. New York: Cambridge University Press, 1992.

Hooper, J. B. Word Frequency in Lexical Diffusion and the Source of Morphophonological Change [G] // Christie, W. *Current Progress in Historical Linguistics*. Amsterdam,: North Holland, 1976: 96 – 105.

Kahn, D. Syllable-based Generalizations in English Phonology [D]. Cambridge, MA: Massachusetts Institute of Technology, 1976.

Kaisse, E. *Connected Speech: The Interface of Syntax and Phonology* [M]. New York: Academic Press, 1985.

Katz, J. *Semantic Theory* [M]. New York: Harper and Row, 1977.

Kempson, R. *Semantic Theory, Cambridge Textbooks in Linguistics* [M]. Cambridge, England: Cambridge University Press, 1977.

Klatt, D. Vowel Lengthening Is Syntactically Determined in a Connected Discourse [J]. *Journal of Phonetics* 3, 1975: 129 – 140.

Klatt, D. Linguistics Uses of Segmental Duration in English: Acoustic and Perceptual Evidence [J]. *Journal of The Acoustical Society of America*, 1976: 1208 – 1220.

Ladd, R. *The Structure of Intonational Meaning* [M]. Bloomington, IN: Indiana University Press, 1980.

Leech, G. N. *Semantic Theory* [M]. Harmondsworth: Penguim, 1981: 112.

Lehiste, I. Phonetic Disambiguation of Syntactic Ambiguity [J]. *Glossa*, 1973 (7): 107 – 122.

Lehiste, I. *InteractionBbetween Test Word Duration and the Length of Utterance* [G]. Ohio State University Papers in Linguistics, 1974 (17): 160 – 190.

Liberman, M. The Intonation System of English [D]. Ph. D. dissertation, Massachusetts: MIT, 1975.

Liberman, M. & A. Prince. On Stress and Linguistic Rhythm [J]. *Linguistic Inquiry*, 1977 (8): 249 – 336.

Lu, B. & D, San. *A Case Study of the Relation Between the Rhythm and Syn-*

tax in Chinese [A]. Paper presented at the Third North America Conference on Chinese Linguistics. Ithaca, 1991.

Lyons, J. *Semantics*. Vols. 1&2 [M]. Cambridge: Cambridge University Press, 1977.

McArthur, T. *The Oxford Companion to the English Language* [M]. Oxford University Press, 1992.

McCarthy, J. & A. Prince. *Prosodic Morphology* [M]. Unpublished manuscripts, University of Massachusetts, Amherst and Brandies University, 1986.

Mish. F. C. *Webster's Ninth New Collegiate Dictionary* [M]. Springfield. , MA.: Merriam Webster, 1984: 205.

Miyara, S. Phonological Phrase and Phonological Reduction [C]. University of Massachusetts Occasional Papers in Linguistics, 1981: 154 – 183.

Nespor, M. & V. Irene. Prosodic Hierarchy and Speech Perception [J]. *La Percezione del Linguaggio, Atti del Seminario*. Firenze: Accademia della Crusca, 1980.

Nespor, M. & V. Irene. Prosodic Structure above the Word [J]. A. Cutler & D. R. Ladd (eds.). *Prosody: Models and Measurements*. Berlin: Springer, 1983.

Nespor, M. & V. Irene. *Prosodic Phonology* [M]. Dordrecht, Holland: Foris, 1986.

Nespor, M. & V. Irene. *Prosodic Phonology: With a New Foreword* [M]. Berlin: Mouton de Gruyter, 2007.

Odden, D. Further Evidence for the Feature [Grave] [J]. *Linguistic Inquiry*, 1978 (9): 141 – 144.

Odden, D. C-command or Edges in Makonde [J]. *Phonology*, 1990 (7): 163 – 170.

Oxford English Dictionar [M]. 2nd ed. Oxford: Oxford University Press, 1989.

Pehar, D. *Diplomatic Ambiguity: Language, Power and Law* [M]. Staffordshire: UK-Keele University, 2005.

Pierrehumbert, J. The Phonology and Phonetics of English Intonation [D]. Ph. D. dissertation. Massachusetts: MIT, 1980.

Pinkal, M. *Logic and Lexicon* [M]. Netherlands: Kluwer Academic Publishers, 1995.

Scheffler, I. Beyond the Letter: A Philosophical Inquiry into Ambiguity, Vagueness and Metaphor in Language [M]. London: Routledge & Kegan Paul Ltd. , 1979.

Selkirk, E. On The Prosodic Structure and Its Relation to Syntactic Structure [R]. *Nordic Prosody II.* Trondheim, Sweden: TAPIR, 1978.

Selkirk, E. Prosodic Domains in Phonology: Sanskrit Revisited [M] // Aronoff, M. & M-L, Kean. *Juncture: A Collection of Original Papers (Studia Linguitica et Philological* 7). Saratoga: Anma Lirbi, 1980: 107 – 129.

Selkirk, E. On The Nature of Phonological Representation [C] //Myers, T. , L. John & A. John. *The Cognitive Representation of Speech.* Amsterdam: North Holland, 1981: 379 – 388.

Selkirk, E. *Phonology and Syntax: The Relation Between Sound and Structure* [M]. Cambridge, Massachusetts: MIT Press, 1984.

Selkirk, E. On Derived Domains in Sentence Phonology [J]. *Phonology Yearbook* (3), 1986: 371 – 405.

Selkirk, E & Shen, T. Prosodic Domains in Shanghai Chinese [A] // Inkelas, S. & D. Zec. *The Phonology-Syntax Connection.* Chicago, IL: University of Chicago Press, 1990: 313 – 337.

Shih, C. The Prosodic Domain of Tone Sandhi in Chinese [D]. San Diego, CA: University of San Diego, 1986.

Shih, C. Mandarin Third Tone Sandhi and Prosodic Structure [C] //Wang, Jialing & S. Norval. *Studies in Chinese Phonology.* Berlin: Mouton de Gruyter, 1997: 81 – 123.

Tranel, B. Suppletion and OT: On the Issue of the Syntax/Phonology Interaction [C]. WCCFL 16, 1998: 415 – 429.

Wennerstrom, A. & A. F. Siegel. Keeping The Floor in Multiparty Conversations: Intonation, Syntax, and Pause [J]. *Discourse Processes*, 2003, 36 (2): 77 – 107.

Wu, Z. *Grammaticalization and Language Change in Chinese* [M]. London: Routledge Curzon, 2004.

Yip, M. The Metrical Structure of Regulated Verse [J]. *Journal of Chinese*

Linguistics, 1980（8）: 107 – 124.

Zec, D. & I. Sharon. Prosodically Constrained Syntax［C］// Zec, D. & S. Inkelas. *The Phonology-Syntax Connection*. Chicago, IL: University of Chicago Press, 1990: 365 – 378.

Zhang, N. The Avoidance of the Third Tone Sandhi in Mandarin Chinese ［J］. *Journal of East Asian Linguistics*, 1997（6）: 293 – 338.

Zwicky, A. Clitics and Particles［J］. *Ohio State Working Papers in Linguistics*, 1984: 148 – 173.

赵元任. A Preliminary Study of English Intonation（with American Variants） and Its Chinese Equivalents［C］//庆祝蔡元培先生六十五岁论文集: 上册. 北平:［出版者不详］, 1933.

附录一
歧义消解测试中的 35 例歧义句

1. 他走了一个钟头了。
   A. 他离开了一个钟头了。
   B. 他走路走了一个钟头了。
   C. 无法确定。

2. 我们父母多么不容易啊。
   A. 我们作为父母不容易。
   B. 我们的父母不容易。
   C. 无法确定。

3. 这辆车没有锁。
   A. 锁是名词。
   B. 锁是动词。
   C. 无法确定。

4. 我知道你回来很开心。
   A. 我知道的是"你回来很开心"。
   B. 我知道你回来的消息，我很开心。
   C. 无法确定。

5. 我们学院需要进口教学软件。
   A. 学院需要的是进口的教学软件。
   B. 学院需要进口一些教学软件。
   C. 无法确定。

6. 这份报告，我写不好。
   A. 不应该叫我写（他写更好）。
   B. 我水平有限，无法写好。
   C. 无法确定。

7. 老王回到宿舍，看到老李和他的朋友在聊天。
   A. 老李在和老王的朋友聊天。

B. 老李在和他自己的朋友聊天。

C. 无法确定。

8. 主要的领导和记者都来了。

A. 来的领导是主要的。

B. 来的领导和记者都是主要的。

C. 无法确定。

9. 这是为了孩子的母亲。

A. 这是谁？这是为了孩子的母亲。

B. 这是为了谁？为了孩子的母亲。

C. 无法确定。

10. 老王看见那个姑娘慢慢走了过去。

A. 老王看见的是"姑娘走了过去"。

B. 老王看见姑娘后，老王走了过去。

C. 无法确定。

11. 你别撕破衣服了。

A. 你不要撕破的衣服了。

B. 你不要把衣服撕破了。

C. 无法确定。

12. 他批评你做得不对。

A. 他批评的是"你做得不对"。

B. 他批评了你，这件事他做得不对。

C. 无法确定。

13. 丈夫风风火火地说："隔壁周大爷做饭时没气了，我去看一下。"

A. 周大爷家的煤气用光了。

B. 周大爷人没气了。

C. 无法确定。

14. 彩色铅笔收纳盒拿来了。

A. 装彩色铅笔的收纳盒拿来了。

B. 铅笔收纳盒是彩色的。

C. 无法确定。

15. 帮助她的学生很开心。

A. 她帮助了自己的学生，她很开心。

B. 学生帮助了她，学生很开心。

C. 无法确定。

16. 刚建成的科技大学体育馆非常漂亮。

　　A. 刚建成的是科技大学。

　　B. 刚建成的是科技大学的体育馆。

　　C. 无法确定。

17. 在这儿洗干净。

　　A. 就在这个地方，（把衣服）洗干净。

　　B. 这里适合清洗，在别的地方洗，不一定干净。

　　C. 无法确定。

18. 讲台一边站着一个人。

　　A. 讲台的两边各站了一个人（共两个人）。

　　B. 讲台的旁边站着一个人。

　　C. 无法确定。

19. 今天晚上他有课。

　　A. 他是老师。

　　B. 他是学生。

　　C. 无法确定。

20. 三个孩子的妈妈来到办公室。

　　A. 妈妈的数量是三个。

　　B. 孩子的数量是三个。

　　C. 无法确定。

21. 等文章写好了，你给我看看。

　　A. 你帮我看看。

　　B. 你拿给我，我看看。

　　C. 无法确定。

22. 我看到他高兴得跳起来。

　　A. 我看到他之后，我高兴地跳起来。

　　B. 我看到的是"他高兴得跳起来"。

　　C. 无法确定。

23. 老张派人去了。

　　A. 老张去派人了。

　　B. 老张派了人，那个人去了。

　　C. 无法确定。

24. 他背（bèi）着老师和班长去了网吧。

　　A. 他不让老师知道，和班长一起去了网吧。

  B. 他不让老师和班长知道，自己去了网吧。

  C. 无法确定。

25. 你在看什么？

  A. 表达不满情绪，意思是你别看。

  B. 一般疑问句，问对方在看什么。

  C. 无法确定。

26. 组织好才有凝聚力。

  A. 组织指团队，好的组织有凝聚力。

  B. 组织是动词，把人员组织好才有凝聚力。

  C. 无法确定。

27. 老张有个女儿很骄傲。

  A. 老张因为有女儿所以他很骄傲。

  B. 老张的女儿很骄傲。

  C. 无法确定。

28. 他急匆匆地跑过来，一下子撞倒了小王和小李的自行车。

  A. 他撞倒了自行车，自行车是小王和小李的。

  B. 他撞倒了小王，还撞倒了小李的自行车。

  C. 无法确定。

29. 要说小丽的妈妈不爱她家里人谁也不信。

  A. 要说小丽的妈妈不爱小丽，家里的人都不信。

  B. 要说小丽的妈妈不爱自己的家人，谁也不信。

  C. 无法确定。

30. 这里不是广州，到处都有熟人。

  A. 这里到处都有熟人。

  B. 广州到处都有熟人。

  C. 无法确定。

31. 你们老师很辛苦啊。

  A. 你们作为老师，辛苦了。

  B. 你们的老师很辛苦。

  C. 无法确定。

32. 辩论赛上，正方对反方的反驳是有充分准备的。

  A. 正方的反驳是有准备的，反驳者为正方。

  B. 对于反方的反驳，正方已有准备，反驳者为反方。

  C. 无法确定。

33. 实在是特别好的品质。

　　A. "实在是"表示发自内心地认为是，确实是。

　　B. 实在，这是特别好的一种品质。

　　C. 无法确定。

34. 在场的所有人中，只有韩正跟刘国清学过几句日语。

　　A. 只有韩正一个人向刘国清学习过日语。

　　B. 只有韩正和刘国清两个人学过日语。

　　C. 无法确定。

35. 她借我一本书。

　　A. 她借给我书，书是她的。

　　B. 我借给她书，书是我的。

　　C. 无法确定。

附录二
歧义句的语图表现

一、表5-1中各类歧义句的语图表现（发音人一）

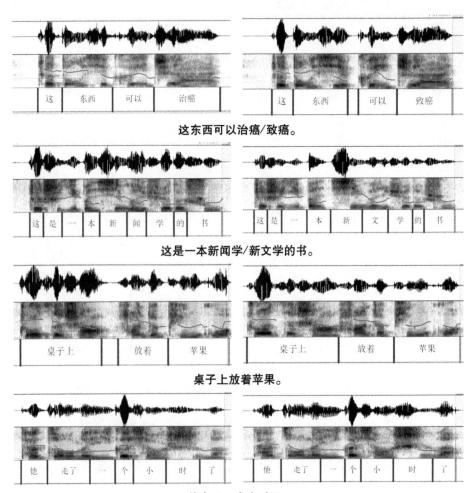

这东西可以治癌/致癌。

这是一本新闻学/新文学的书。

桌子上放着苹果。

他走了一个小时了。

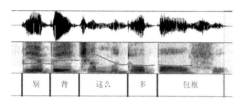 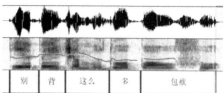

别背这么多包袱。

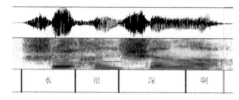 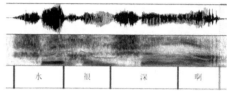

水很深啊。

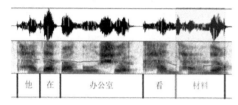 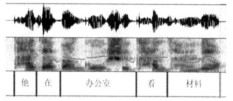

他在办公室看材料。

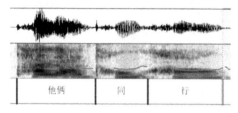 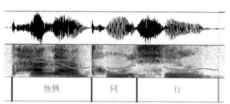

他俩同行。

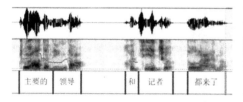 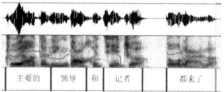

主要的领导和记者都来了。

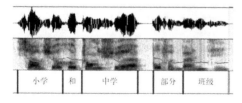 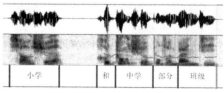

小学和中学部分班级。

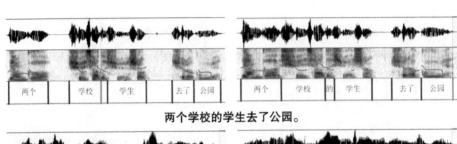

两个学校的学生去了公园。

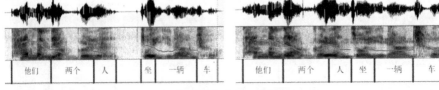

他们两个人坐一辆车。

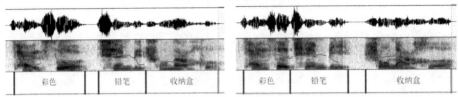

彩色铅笔收纳盒。

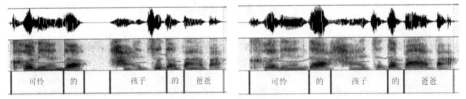

可怜的孩子的爸爸。

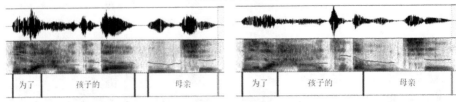

为了孩子的母亲。

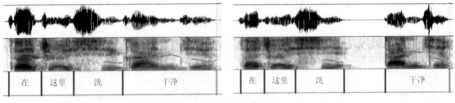

在这里洗干净。

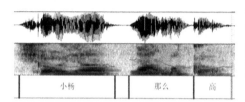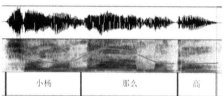

小杨那么高。

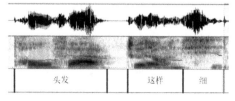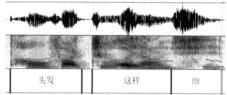

头发这样细。

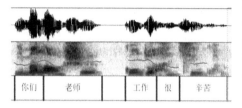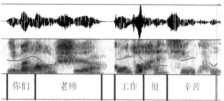

你们老师工作很辛苦。

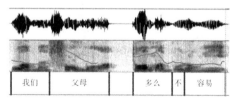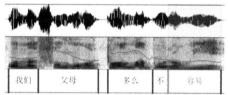

我们父母多么不容易。

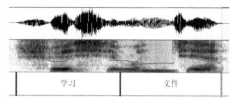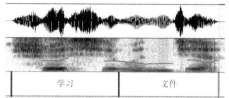

学习文件。

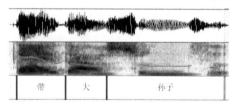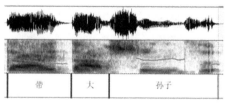

带大孙子。

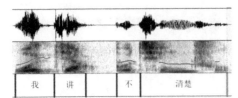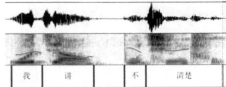

我讲不清楚。

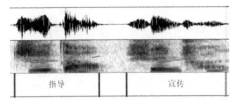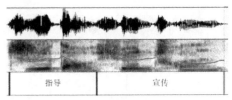

指导宣传。

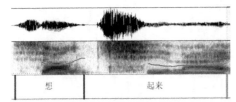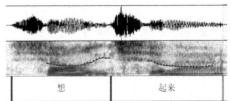

想起来。

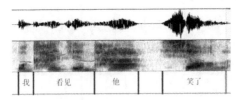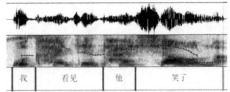

我看见他笑了。

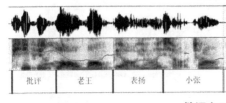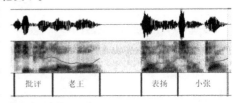

批评老王表扬小张。

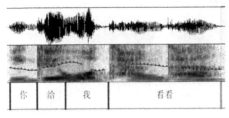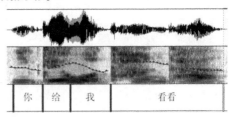

你给我看看。

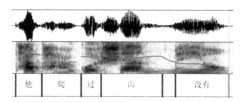 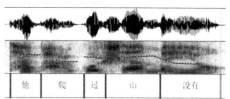

他爬过山没有？

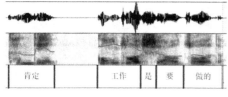 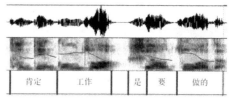

肯定工作是要做的。

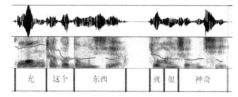 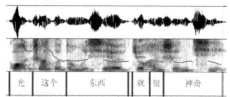

光这个东西就很神奇。

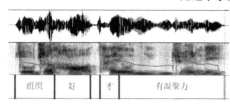 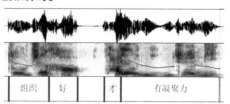

组织好才有凝聚力。

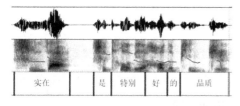 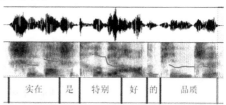

实在是特别好的品质。

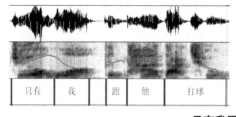 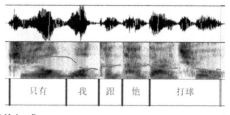

只有我跟他打球。

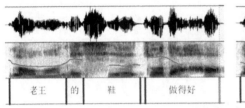 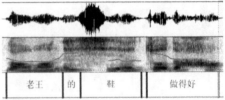

| 老王 | 的 | 鞋 | 做得好 |

老王的鞋做得好。

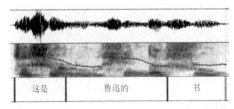 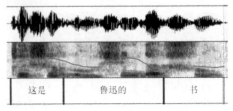

| 这是 | 鲁迅的 | 书 |

这是鲁迅的书。

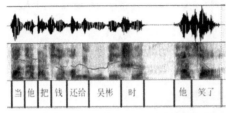 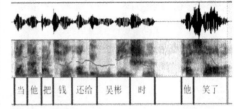

| 当 | 他 | 把 | 钱 | 还给 | 吴彬 | 时 | 他 | 笑了 |

当他把钱还给吴彬时，他笑了。

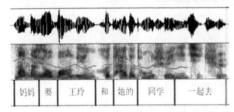 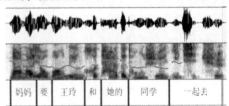

| 妈妈 | 要 | 王玲 | 和 | 她的 | 同学 | 一起去 |

妈妈要王玲和她的同学一起去。

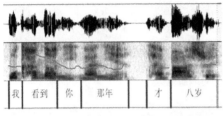 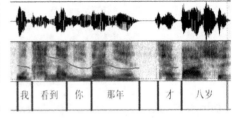

| 我 | 看到 | 你 | 那年 | 才 | 八岁 |

我看到你那年才八岁。

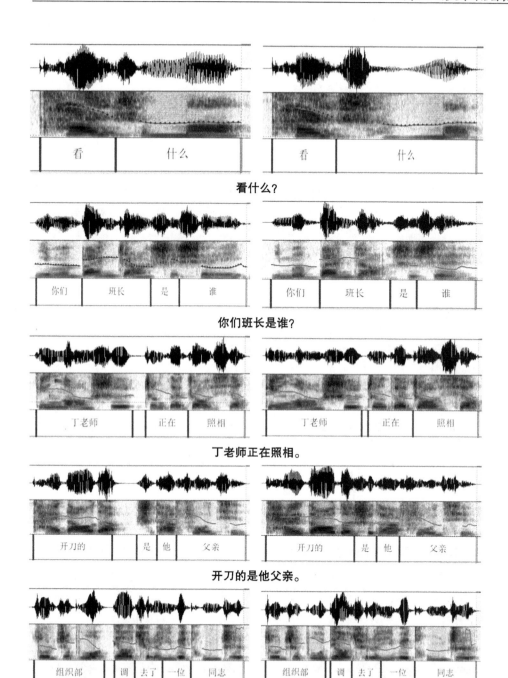

看什么？

你们班长是谁？

丁老师正在照相。

开刀的是他父亲。

组织部调去了一位同志。

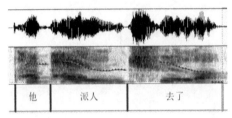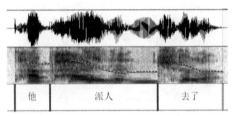

他派人去了

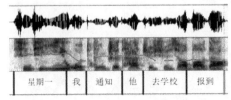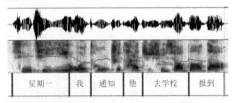

星期一我通知他去学校报到。

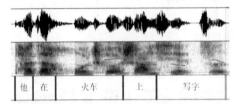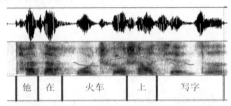

他在火车上写字。

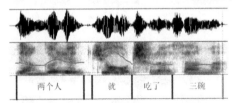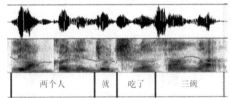

两个人就吃了三碗。

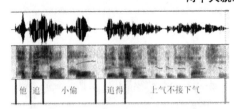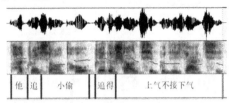

他追小偷追得上气不接下气。

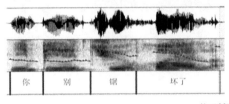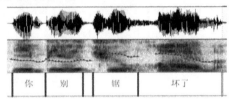

你别锯坏了。

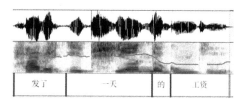 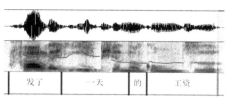

发了一天的工资。

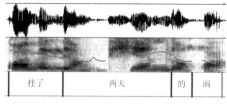 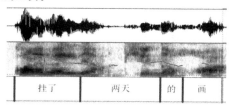

挂了两天的画。

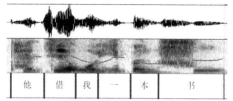 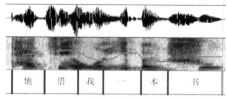

他借我一本书。

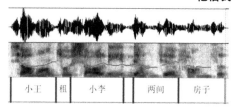 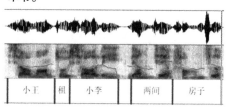

小王租小李两间房子。

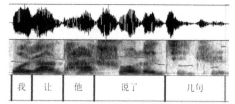 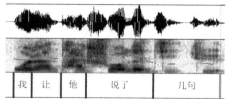

我让他说了几句。

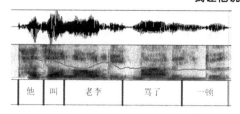 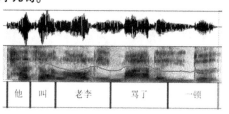

他叫老李骂了一顿。

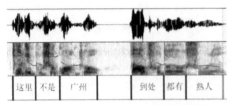 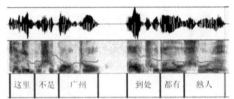

这里不是广州，到处都有熟人。

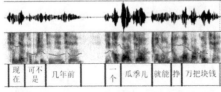 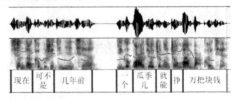

现在可不是几年前，一个瓜季儿就能挣万把块钱。

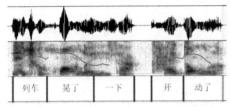 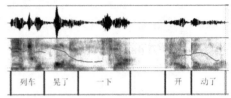

列车晃了一下，开动了。

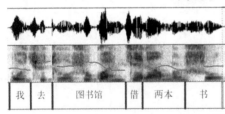 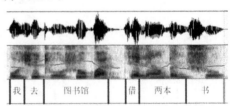

我去图书馆借两本书。

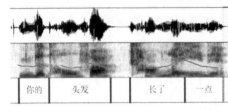 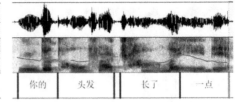

你的头发长了一点。

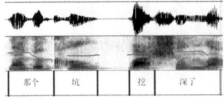 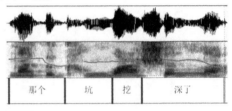

那个坑挖深了。

二、表5－1中各类歧义句的语图表现（发音人二）

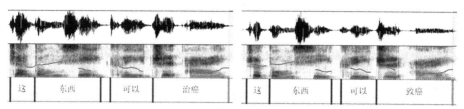

这东西可以治癌/致癌。

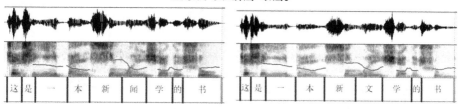

这是一本新闻学/新文学的书。

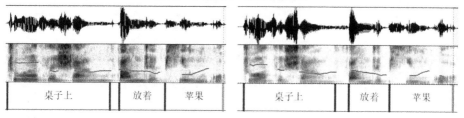

桌子上放着苹果。

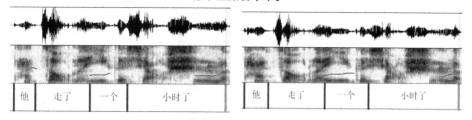

他走了一个小时了。

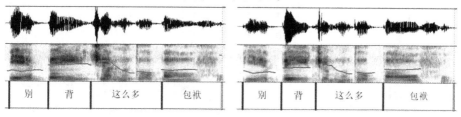

别背这么多包袱。

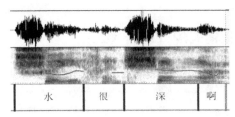 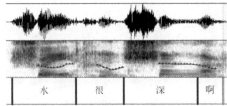

水很深啊。

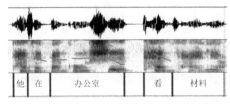 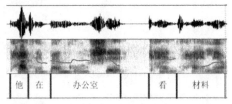

他在办公室看材料。

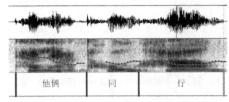 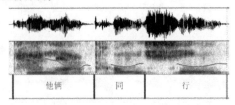

他俩同行。

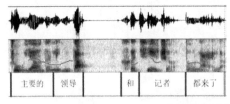 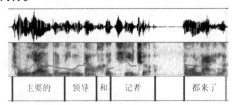

主要的领导和记者都来了。

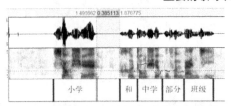 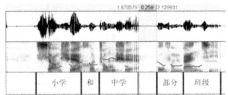

小学和中学部分班级。

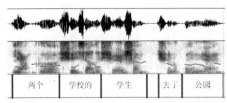 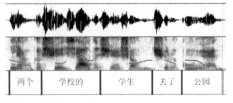

两个学校的学生去了公园。

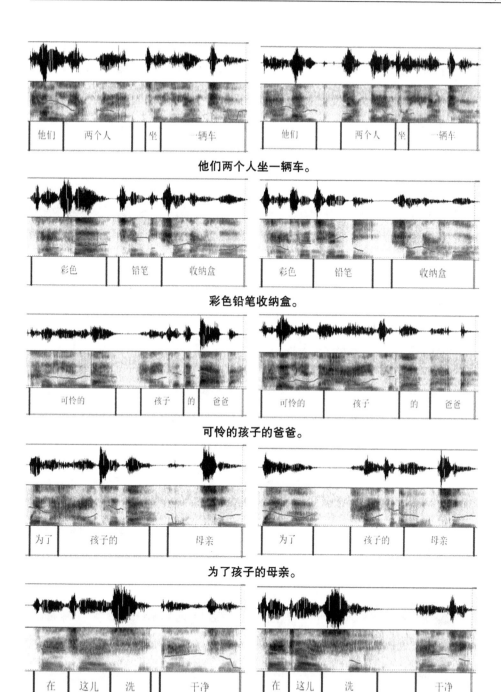

他们两个人坐一辆车。

彩色铅笔收纳盒。

可怜的孩子的爸爸。

为了孩子的母亲。

在这儿洗干净。

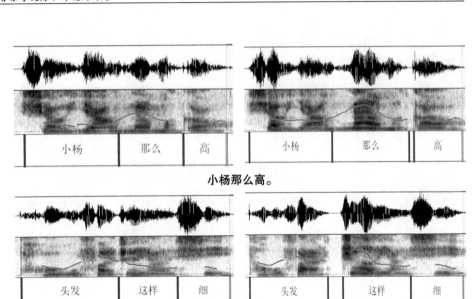

小杨那么高。

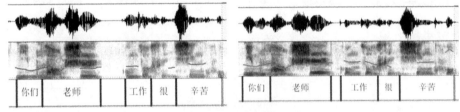

头发这样细。

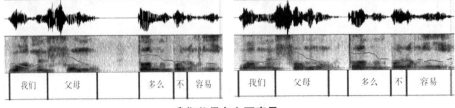

你们老师工作很辛苦。

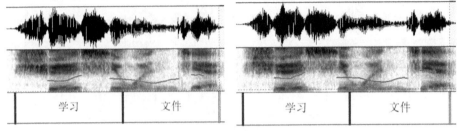

我们父母多么不容易。

学习文件。

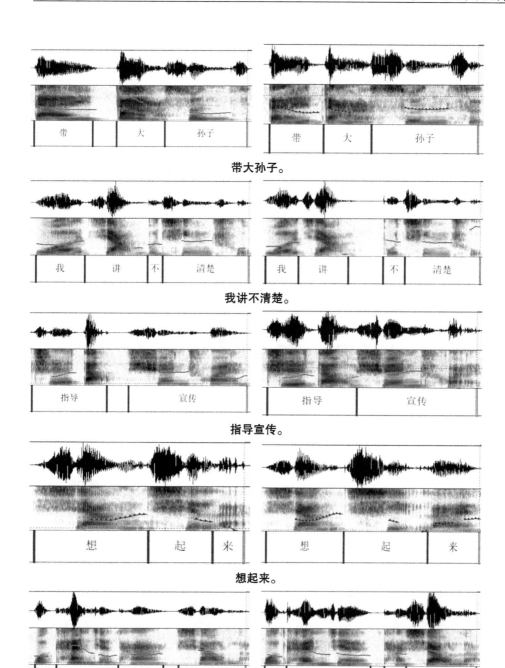

带大孙子。

我讲不清楚。

指导宣传。

想起来。

我看见他笑了。

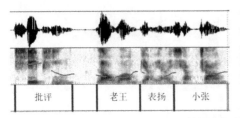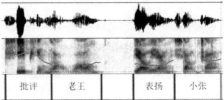

批评老王表扬小张。

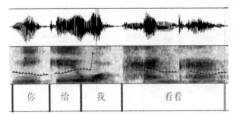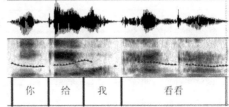

你给我看看。

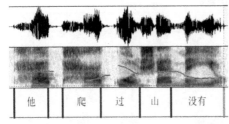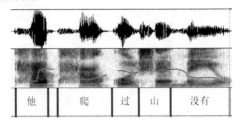

他爬过山没有？

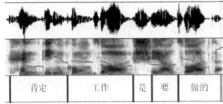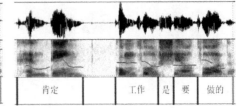

肯定工作是要做的。

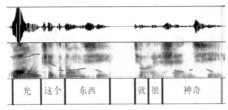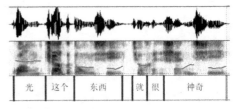

光这个东西就很神奇。

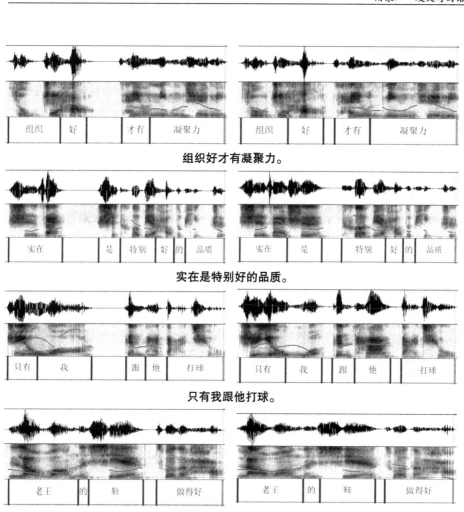

组织好才有凝聚力。

实在是特别好的品质。

只有我跟他打球。

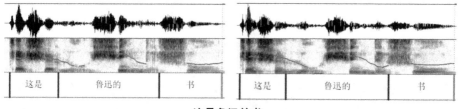

老王的鞋做得好。

这是鲁迅的书。

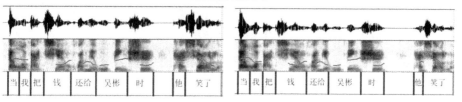

当我把钱还给吴彬时，他笑了。

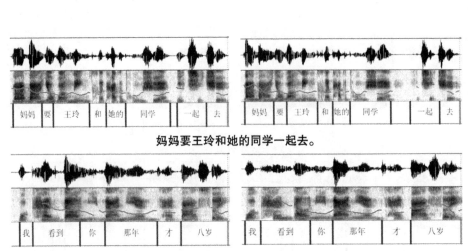

妈妈要王玲和她的同学一起去。

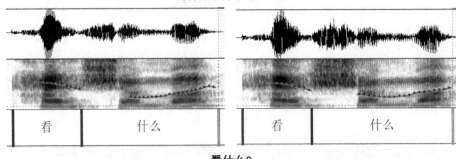

我看到你那年才八岁。

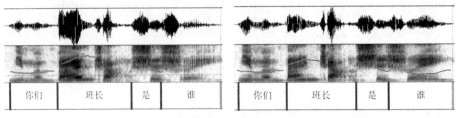

看什么？

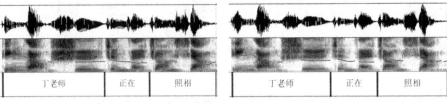

你们班长是谁？

丁老师正在照相。

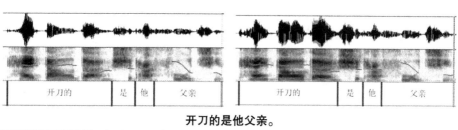

开刀的是他父亲。

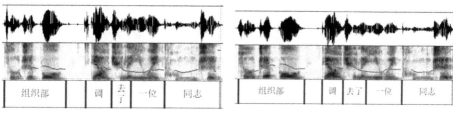

组织部调去了一位同志。

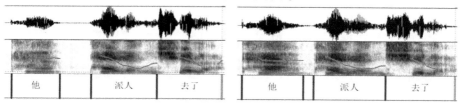

他派人去了。

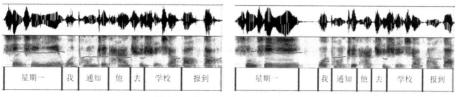

星期一我通知他去学校报到。

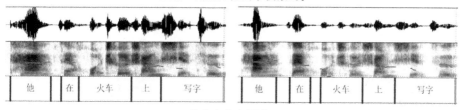

他在火车上写字。

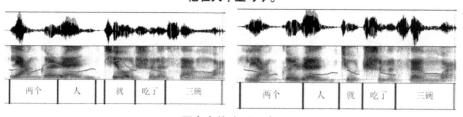

两个人就吃了三碗。

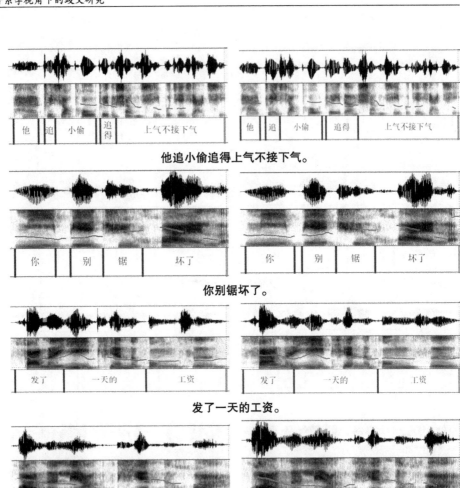

他追小偷追得上气不接下气。

你别锯坏了。

发了一天的工资。

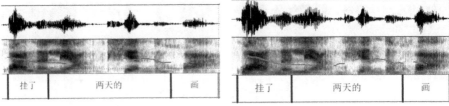

挂了两天的画。

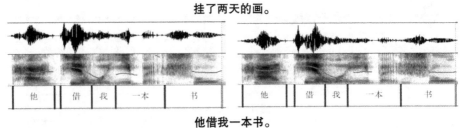

他借我一本书。

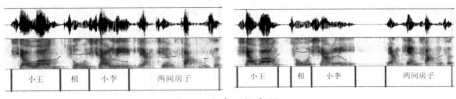

小王租小李两间房子。

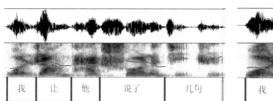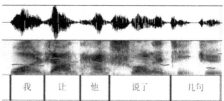

我让他说了几句。

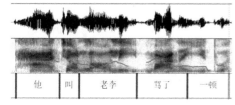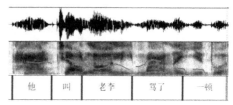

他叫老李骂了一顿。

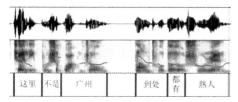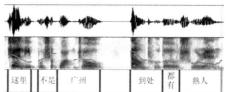

这里不是广州，到处都有熟人。

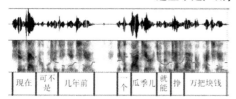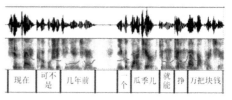

现在可不是几年前，一个瓜季儿就能挣万把块钱。

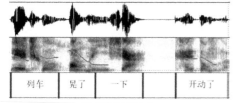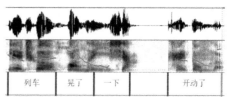

列车晃了一下，开动了。

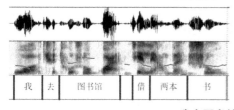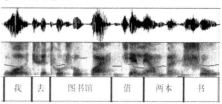

我去图书馆借两本书。

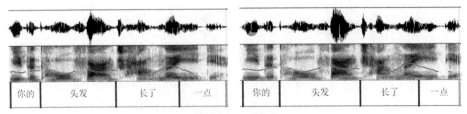

你的头发长了一点。

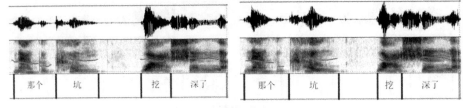

那个坑挖深了。

后 记

本书的写作已接近尾声，当我提笔写下这篇后记的时候，不禁感慨良多，似有千言万语，却又不知从何说起。将一将思绪，仿佛2018年得知被录取为博士研究生的那一刻就在眼前。时光飞快，这一路以来有太多的人在身边一直陪伴着我、推动着我前行，这些有声和无声的引导、帮助、爱护与陪伴，让我坚定地走到现在。借这样的机会，我想好好感谢你们。

我要感谢我敬爱的导师宫齐教授，在他的引导下，我在语言学的道路上似乎打开了一扇又一扇全新的门，也对自己的学习研究生涯有了更多的认知。无论是毕业论文的选题、框架与内容的修改、实验的设计，还是小论文的选题、写作与发表，宫老师都给予了我悉心的指导与帮助。在每一次我有了新的想法或是遇到困难的时候，老师都会在百忙之中抽出时间来倾听我的想法并给予指点。很多时候，老师的点化能立刻将我拉出思绪的困境，柳暗花明、豁然开朗。宫老师鼓励我们多读书，多参加一些和研究领域相关的学术会议。每每遇到与专业相关的好书、会议信息或是有价值的社会语料、新闻等，老师都会分享给我们。宫老师为人低调谦逊，在工作与学术领域中一直兢兢业业。我特别想说，能遇到老师您并成为您的学生真是我特别大的幸运。您严谨的治学风格、深厚的学术造诣、国际化的视野、不断坚持学习的态度，您平和、谦逊、宽容、豁达的为人处事的风格，都让我受益匪浅，并将影响我今后的工作与生活。

我要感谢在暨南大学华文学院读书的日子里遇到的每一位老师，你们不仅有渊博的学识，还有鲜明的教学风格。那个时候，我期待每一节课，总觉得坐在教室里听你们讲课的时间过得特别快，课堂上的讨论、课后的作业我都会格外珍惜。因为有你们，我发自内心地觉得学习真的是一件快乐的事，你们让我更加努力成为想要成为的人。

我要感谢我的"战友"——我可爱的同学们，有你们一起上课，一起参加学术会议，一起约饭，一起旅行，一起"吐槽"饭堂的伙食，一起感慨毕业的压力，一起聊到天南地北，一起笑得疯疯癫癫。我们是能够和对方感同身受的人，是会给彼此加油打气的人。人生得此良友，足矣！

当然，我还要特别感谢我的家人。我之所以能够心无旁骛地追求自己的目标，是因为有你们永远站在我的身后，做我坚强的后盾。你们包容我的各种情绪，在我力所不及的时候，陪伴、照顾、教育我的孩子，让他健康、快乐地成长。明年小朋友就要上一年级了，我的读书生涯也伴随了他的整个幼儿时代。小朋友也会问我："妈妈，你的论文什么时候写完？"会在我说要去修改论文的时候嚷着："妈妈我要和你一起改论文！"我想说，孩子，我们的人生都即将迎来特别重要的一个阶段，无论对于你还是妈妈来说，毕业都意味着新的开始。感谢你的出现、你的陪伴，让我有了更多的勇气和决心去做每一件事，去守护和你在一起的幸福。

在这里，虽然我无法说出每一个要感谢的姓名，但我将情感深埋于心底。想着帮助、陪伴、引导我前行的人们，感谢的话似乎都变得单薄起来。遇到你们是我的幸福，我会带着这样的温暖与力量走好接下来的路。

刘悦怡

2022 年 4 月